TACHRIFAT

RECUEIL DE NOTES HISTORIQUES

SUR L'ADMINISTRATION

DE L'ANCIENNE RÉGENCE D'ALGER

TACHRIFAT

RECUEIL

DE

NOTES HISTORIQUES

SUR L'ADMINISTRATION

DE L'ANCIENNE RÉGENCE D'ALGER

PAR **A. DE VOULX**

Conservateur des archives arabes des Domaines

ALGER

IMPRIMERIE DU GOUVERNEMENT

1852

A Monsieur le comte Randon, Sénateur,
Gouverneur-Général de l'Algérie.

MONSIEUR LE GOUVERNEUR-GÉNÉRAL,

Vous avez bien voulu autoriser l'insertion au *Moniteur algérien* d'un *Recueil de notes historiques*, *sur l'administration de l'ancienne Régence d'Alger*.

La publication de ce travail est finie, et, d'après les instructions de M. Mercier, secrétaire-général du Gouvernement, quelques exemplaires ont été tirés à part, en forme de brochure.

L'accueil si bienveillant et si flatteur que vous avez daigné faire à ce modeste ouvrage m'enhardit à vous le dédier et à le placer ainsi sous votre haut et puissant patronage.

Permettez-moi d'espérer, Monsieur le Gouverneur-Général, que vous ne verrez dans ma témérité qu'un sentiment de reconnaissance joint à un vif désir de rendre un humble hommage à vos hautes connaissances et à votre expérience éclairée.

Je suis avec respect,

MONSIEUR LE GOUVERNEUR-GÉNÉRAL,

Votre très-humble et très-obéissant serviteur.

A. DE VOULX,
Conservateur des Archives arabes des Domaines.

Alger, le 15 décembre 1852.

Faites la guerre à ceux qui ne croient point en Dieu
ni au jour dernier, qui ne regardent point comme défendu
ce que Dieu et son apôtre ont défendu, et à ceux d'entre
les hommes des Écritures qui ne professent point la vraie
religion. Faites-leur la guerre jusqu'à ce qu'ils paient le
tribut de leurs propres mains et qu'ils soient soumis.

O Croyants! combattez les infidèles qui vous avoisinent;
qu'ils vous trouvent toujours sévères à leur égard. Sachez
que Dieu est avec ceux qui le craignent.

(CORAN, *chap.* ix.)

INTRODUCTION

Les registres qui ont été trouvés dans le palais du Dey et chez les principaux administrateurs, lors de la prise d'Alger, sont aujourd'hui déposés dans les archives arabes des Domaines.

Ces registres sont relatifs à la perception des impôts et à l'administration des propriétés du Beylick et des corporations religieuses.

Dans plusieurs de ces documents, se trouvent éparpillés, sans ordre ni méthode, des relations de faits historiques ou d'événements remarquables, des règlements sur divers objets, et des notes sur l'administration, sur les esclaves chrétiens et sur les tributs payés à la Régence par diverses nations.

L'un de ces registres, intitulé *Daftar Tachrifat* (registre des choses nobles), est particulièrement précieux au point de vue historique, et son importance est telle qu'il doit être déposé à la Bibliothèque.

Il m'a paru utile de traduire ces notes (1) et d'en former un recueil, en classant, autant que possible, les matières par catégories.

Le caractère officiel de ces notes et les détails qu'elles donnent sur certains points de l'administration turque, me font espérer que ce recueil ne sera pas sans intérêt pour les personnes qui se livrent à des recherches historiques.

Alger, le 10 mai 1852.

A. DE VOULX.

---

(1) Sid Mohammed-ben-Mustapha a bien voulu m'aider dans ce travail, en ce qui concerne la traduction des pièces turques.

TACHRIFAT

RECUEIL DE NOTES HISTORIQUES

SUR L'ADMINISTRATION

DE L'ANCIENNE RÉGENCE D'ALGER.

CHAPITRE 1er.

FAITS HISTORIQUES.

§ 1er. — *Guerre contre le Maroc.*

L'an mil cent trois (1), dans les premiers jours du mois de moharem , les populations de Fez et de Maroc, se soulevèrent contre nous à l'instigation secrète de Moulaï-Ismaël ; son fils Zeïd se mit à la tête d'une armée de douze mille hommes (arabes idolâtres !'

Ils pénétrèrent sur notre territoire par le chemin du Sahara et s'avancèrent de trois journées de marche, dépouillant les habitants sur leur passage.

Ensuite notre colonne (2) victorieuse, les arabes de notre territoire et la garnison de Tlemsan les attaquèrent et firent usage contre eux de l'artillerie de cette ville.

Le combat se prolongea pendant trois jours et trois nuits.

Mille ennemis reçurent la mort par le fer et par le plomb.

Deux cent quarante de nos soldats furent tués et moururent martyrs dans la voie du Seigneur.

Trois jours après cet événement, la nouvelle en parvint au sublime Hadj-Châaban, dey d'Alger (3). Il assembla aussitôt un Conseil (diwan) où furent convoqués les notabilités, les chefs de troupes et les autorités. Ils entrèrent en délibération et à la suite de cette conférence, Hadj-Châaban dey, donna l'ordre de préparer les atouakh (4)

---

(1) L'année 1103 de l'hégyre correspond approximativement à l'année 1692 de l'ère chrétienne.

(2) Il s'agit ici des colonnes appelées *Mehela* qui parcouraient annuellement la Régence au nombre de trois pour assurer la rentrée des impôts et veiller à la sécurité.

Les corps expéditionnaires rassemblés extraordinairement pour réprimer des actes d'hostilités prenaient le nom de *hampa*.

(3) Hadj-Chaâban, 70e dey d'Alger, parvint au pouvoir en 1100 (1689) et fut étranglé en 1105 (1694) à la suite d'une révolte de janissaires.

(4) Sorte de crinière fixée à un bâton et portée devant les pachas dans les cérémonies ; leur nombre varie d'un à trois et elles sont conférées aux pachas par le Grand-Sultan ; c'est ce que nous nommons *queues.*

et les étendards et de dresser les tentes des chefs à Aïn-Erre-both (1), ainsi que cela devait avoir lieu d'après les anciens règle-ments.

Mois de rabia-l'ouel 1103. — Le lundi, vingt-septième jour du mois de rabia-l'ouel, les préparatifs étant terminés, le Dey désigna huit navires pour transporter les troupes de la foi, avec leurs tentes, leurs bagages et tout leur matériel; le nombre des troupes fut fixé à cent tentes. (2)

Ces bâtiments appareillèrent et arrivèrent le quatrième jour; les tentes furent dressées à Bab-el-Kerchtil, hors la ville d'Oran, ainsi que les règlements l'imposaient à toute troupe se rendant à Tlem-san.

Que Dieu leur rende la route facile!

Mois de redjeb 1103. — Le premier jour du mois de redjeb, le Dey désigna également neuf navires pour transporter des troupes avec leurs tentes, leurs bagages et tout leur matériel.

Le nombre des tentes désignées pour s'embarquer fut de deux cents, dont cent cinquante de troupes turques et cinquante de troupes fournies par la tribu des Zouawa. Ils partirent, et le dou-zième jour ils se trouvaient rendus sains et saufs à Tlemsan.

15 *redjeb* 1103. — Il désigna ensuite cinq navires pour embarquer vingt-cinq tentes de soldats fournis par les Zouawa et un nombre égal de troupes turques. Ils partirent ensemble, et le douzième jour les troupes arrivèrent à Tlemsan, dans un état satisfaisant.

19 *redjeb* 1103. — Ensuite il désigna pour le départ la colonne de l'Est (mehela) en tournée à Bathna et quarante des cavaliers de cette colonne; il désigna également dix tentes de la colonne de l'Ouest et quinze tentes de la colonne de Titteri; il décida qu'un homme sur trois serait pris dans chaque oudjack (3) de cavaliers et que tous les anciens cavaliers qui avaient terminé leur temps de service seraient appelés de nouveau. En résumé, le nombre de cava-liers désignés fut de deux mille turcs et trois cents arabes et celui des tentes fut de cent.

Tout abonde sous le règne heureux et fortuné de Hadj-Châaban dey!

Ensuite, Hadj-Châaban dey ordonna d'enlever de son palais les tentes; les atouakh et les étendards; cela eut lieu en présence des autorités, des chefs de troupes et des ulémas, après que ceux-ci eurent levé les mains pour réciter la fateha (4) et eurent imploré pour lui la victoire. Ils se rendirent tous ensuite à Aïn-Erreboth où furent dressées les tentes conformément aux règlements en vigeur. Les cavaliers se livrèrent à des évolutions et à des jeux et il y eut une grande réjouissance.

Et cela se passait le dimanche, dix-septième jour du mois de redjeb.

Mois de kiada 1103. — L'armée victorieuse rassemblée pour cette

---

(1) Mustapha-Inférieur.
(2) Kheha, tente, c'est-à-dire le nombre d'hommes que peut abriter une tente de campement; ce nombre était ordinairement de quinze.
(3) Compagnie.
(4) 1er chap. introduction du Coran.

guerre fortunée, par les soins et la sagesse de notre souverain, le sublime Hadj-Châaban dey, se composait de quinze cents tentes et comptait sept mille cinq cents combattants.

Lorsque les deux armées furent en présence, nos troupes s'élancèrent avec vigueur sur les soldats du fils de Moulaï-Ismaël, les enfoncèrent et leur enlevèrent trois drapeaux ; quand ils virent l'irrésistibilité de cette attaque et l'ardeur invincible de nos hommes, ils s'écrièrent tous : la paix ! la paix ! le bon droit est de votre côté ! Que Dieu accorde la victoire au Sultan des Osmanlis !

Le Dey voyant qu'ils reconnaissaient la justice de sa cause, et qu'ils imploraient la paix, accueillit leur demande pour se conformer à cette parole de Dieu : (qu'il soit élevé !) « Mais la paix est un bienfait »

Cela eut lieu le quinzième jour du mois de kiada.

L'ordre de retourner à Alger ayant été ensuite donné, les troupes victorieuses rentrèrent.

Le sublime Hadj-Châaban arriva à Alger, le 25 du mois de kiada 1103, escorté par ses cavaliers et rempli de joie.

Hidja 1103 — Moulaï-Ismaël envoya ensuite à Alger son fils, Moulaï-Abd-el-Molk, son ministre, son caïd, son muphti, son bach-kateb, Sidi-el-Khiladi et plusieurs marabouts, en tout cent vingt personnes, avec mission de conclure, en son nom, la paix avec l'oudjak d'Alger.

Le neuvième jour du mois de hidja, ils firent leur entrée dans cette ville où ils reçurent l'hospitalité et un accueil cordial.

Ils y séjournèrent pendant douze jours.

La paix fut conclue entre les deux parties belligérantes ; l'animosité fut écartée et l'ancienne amitié rétablie (9 *hidja* 1103).

§ 2. — *Expédition contre Tunis.*

L'an mil cent cinq (1694), dans les premiers jours du mois de redjeb, un conseil (diwan) imposant fut assemblé sous la présidence du Prince d'Alger, pour donner son avis au sujet des usurpations commises par Mohammed, bey de Tunis, et des demandes d'impôt adressées par lui à nos sujets.

A la suite de cette conférence, l'ordre fut donné de préparer les tentes et les drapeaux.

Dans les premiers jours du sublime mois de Chaâban, dix navires furent désignés pour transporter des canons, de la poudre, des obusiers et deux cents tentes de soldats, dont cent prises dans la colonne de l'Est.

Ils partirent, et le douzième jour ils arrivèrent à Bône, ville qui est sur le chemin et en deçà de Tunis (*Chaâban* 1105).

Le mercredi, premier jour du noble mois de ramdhan, il désigna pour le départ quatre-vingts tentes de la colonne de l'Ouest, seize tentes de la colonne de Titteri et quarante tentes de cavaliers.

Le même jour, les notables, les autorités et les ulémas vinrent lui faire leurs adieux au palais et lui faire connaître les vœux

2

qu'ils formaient pour son triomphe; ils l'accompagnèrent au camp et prirent congé de lui.

Le lendemain, jeudi, à la pointe du jour, toute l'armée se mit en route pour Tunis; les troupes étaient pleines d'ardeur et brûlaient de rencontrer l'ennemi.

Que Dieu (qu'il soit béni et exalté !) leur donne le salut et le succès pour compagnons de route ! Qu'il rougisse leurs joues ! (1) Qu'il les fasse revenir sains et saufs et couverts de butin, par les grâces de la venue du Seigneur des prophètes et des envoyés ! Louange à Dieu, souverain de l'univers !

(*Ecrit le 10 du mois béni de ramdhan 1105.*)

Dans la nuit d'Aïd-el-Fethar (2), le sublime Hadj-Chaâban dey, arriva à Bône avec son armée et fit sa jonction avec le reste de ses troupes victorieuses; ils se réjouirent et se félicitèrent mutuellement de leur réunion et ce fut un jour de fête.

Pendant qu'ils se livraient à la réjouissance, quatre navires de guerre, entrèrent dans le port, apportant de Tripoli cinquante tentes de troupes qui venaient prendre part à la guerre entreprise par notre Régence victorieuse.

Ces troupes descendirent à terre, se mêlèrent à nos soldats et dressèrent leurs tentes auprès de leurs tentes; ils s'adressèrent mutuellement des salutations et se félicitèrent de se voir réunis; l'allégresse générale s'accrut de leur arrivée et on passa en réjouissances le second jour de la fête. (*Ecrit le 6 choual 1105.*)

Lorsque l'armée eut fait un séjour de trois jours à Bône, son sublime chef donna l'ordre de marcher sur Tunis.

Nos troupes se mirent donc en route, accompagnées des soldats de Tripoli et d'arabes des provinces de l'Est, tels que les Beni-Masser, Bâoun, Amer-Soltan et Henanecha.

Sous le règne victorieux de notre Seigneur tout est à souhait !

Il était convenu que le Hadj-Chaâban. bey de Constantine. viendrait, pendant le trajet, rejoindre nos soldats avec son contingent.

L'armée était pleine d'ardeur et désirait vivement le moment d'attaquer Mohammed, bey de Tunis.

Par où pourra-t-il donc s'enfuir pour se soustraire à cette formidable coalition, lorsque les troupes victorieuses et leurs alliés arabes le poursuivront et que de tous côtés seront tournés contre lui leurs nombreux canons et leurs nombreux mortiers !

Hadj-Chaâban, bey, et son contingent firent leur jonction avec l'armée (victorieuse par la grâce de Dieu), au point de la route qui avait été indiqué. (*Ecrit le 11 choual 1105*). (3)

§ 3. — *Prise d'Oran.*

L'an mil cent dix-neuf (1708), dans les premiers jours du mois de moharem, le sublime Baktach Mohammed-Effendi (4), prince de l'oudjak d'Alger, résolut de s'emparer d'Oran.

---

(1) C'est-à-dire qu'il fasse que leur visage soit enflammé par le courage et l'ardeur.

(2) Fête qui suit le jeûne appelé Ramdhan.

(3) Les documents relatifs à la fin de cette expédition n'ont pu être retrouvés.

(4) Mohammed-Baktach, 75e dey d'Alger, élu en 1119 et assassiné en 1122 par Dely-Brahim qui se fit proclamer dey

Il désigna pour diriger cette opération son khelifa et beau-frère, le sublime Baba-Hassan ; il lui confia une armée superbe, et le munit de tout ce qui lui était nécessaire.

Le treizième jour, le khelifa Baba-Hassan sortit avec son armée et ils prirent la route d'Oran, pleins d'ardeur et brûlant de rencontrer l'ennemi et d'attaquer sa ville et ses forts.

Lorsqu'ils s'approchèrent d'Oran, le chef des troupes ordonna l'attaque ; la place fut investie et le combat s'engagea ; les canons et les mortiers se firent entendre et lancèrent leurs boulets, leurs obus et leurs bombes, auxquels se joignaient des décharges incessantes de balles ; les mineurs se mirent à l'œuvre et creusèrent des mines.

La mêlée se prolongea jusqu'à ce que Dieu leur accorda la prise des forts.

La conquête de la ville fut ensuite achevée après de brillants combats.

Hadj-Mohammed-Baktach, prince d'Alger, l'un des oudjak du sublime sultan Soliman-Khan (que Dieu lui accorde le paradis, ainsi qu'à tous les descendants d'Osman !) , reçut avec une grande joie la nouvelle de cette magnifique victoire ; il adressa des actions de grâces à Dieu et le remercia de lui avoir facilité cette conquête.

Dans sa satisfaction, il décida que la solde de ses troupes serait portée en masse au maximum, afin de les récompenser du courage qu'elles avaient montré dans ces combats livrés en vue de plaire à Dieu, le maître de l'univers.

Sur son ordre, les deux khodja-eddeftar (1) consignèrent cette décision sur les deux registres du Palais, afin d'en assurer l'exécution et de la rendre complète et entière.

Ensuite il fit relaxer les gens punis de prison et fit une remise d'impôts ,et cela dans le but d'être agréable à Dieu, car les biens de ce monde sont périssables et la face de Dieu est seule éternelle ; que Dieu exauce ses demandes et ses désirs ; qu'il favorise son avenir et qu'il fasse miséricorde aux mânes de ses ancêtres, ainsi qu'à tous les musulmans : ainsi soit-il, ô Maître de l'univers !

(Suit une signature ainsi conçue :)

Baktach-Mohammed, pacha, effendi, gouverneur d'Alger.

(Contre cette signature se trouve un cachet renfermant la légende suivante :)

« Celui qui se confie au Souverain, Mohammed-Baktach-ben-Ali. »

Telle est l'histoire de la prise d'Oran ; ô Souverain ! ses portes se sont ouvertes !

NOTES.

Les historiens qui ont traité de l'occupation espagnole en Afrique ont passé très-légèrement sur la prise d'Oran par les Algériens, en 1708.

Ils présentent généralement ce fait comme un abandon fait par l'Espagne.

Voici ce que l'on trouve à ce sujet dans l'*Exploration scientifique de l'Algérie* :

« Le xviiie siècle nous fournit des événements plus importants » que le xviie ; en 1705, Bouchelaghem, bey de Mascara, successeur » du bey Chaâban, vint attaquer Oran, mais sans succès pour cette

(1) Ecrivains du palais.

» fois. Il revint l'année d'après avec ordre du Dey de ne pas s'en
» éloigner qu'il ne l'eût pris. On était alors, en Europe, dans le plus
» fort de la guerre de succession. La place tenait pour Philippe V et
» l'influence de l'Angleterre ne fut pas étrangère à la détermination
» que prit le gouvernement algérien de profiter des circonstances
» pour se rendre maître d'un point maritime aussi important. Les
» attaqués furent molles mais persévérantes ; la garnison à peine
» suffisante pour la défense de la ville même, fut contrainte d'a-
» bandonner les Beni-Amer, alliés constants des Espagnols depuis
» un siècle. Ces arabes réduits à leurs propres forces furent obli-
» gés de se soumettre aux Turcs. En 1708, la ville ne recevant pas
» de secours, capitula et Bouchelaghem en prit possession au nom
» du Dey. La garnison et la population s'embarquèrent pour l'Es-
» pagne. Ainsi, il ne resta plus à cette puissance, sur les côtes
» d'Afrique que Melila, le Peñon de Velez et Ceuta. »

(*Exploration scientifique de l'Algérie*, tome 6, p. 109, § LXI, II° *Mémoire historique et géographique*, par E. Pélissier, — Guttierez, *Mémoires de Don Vincent Baccalas, marquis de Saint Philippe*.)

Cette version est en contradiction sur beaucoup de points avec la pièce officielle dont la traduction a été donnée plus haut.

Mais le peu de détails donnés par les historiens espagnols semble indiquer une pénurie complète de renseignements positifs, et leurs assertions ne paraissent pas dès-lors une autorité suffisante pour faire rejeter la relation d'après laquelle Oran aurait été pris, les armes à la main, après un siége sanglant.

Cette relation est d'ailleurs corroborée par un manuscrit arabe intitulé *El-Tahfa-el-Merdhia* (l'hommage agréable), déposé à la bibliothèque d'Alger, et dont la traduction a été publiée par M. Alphonse Rousseau, premier drogman du consulat-général de France à Tunis.

Cette traduction donnant des détails assez circonstanciés sur les opérations du siége, je crois devoir en faire une rapide analyse.

Avant de commencer, je constaterai, avec le traducteur, que, contrairement à l'usage des chroniqueurs arabes, l'auteur du manuscrit dont il est question, montre beaucoup de modération et d'impartialité et que cette circonstance semble donner plus de poids à la véracité des événements qu'il raconte.

En 1119, le dey Mohammed-Baktach envoie une armée, sous les ordres de son beau-frère, Ouzan-Hassan, pour s'emparer d'Oran.

Le 14 rabia-l'ouel 1119 l'attaque commence par le siége du fort dit Bordj-el-Aïoun (fort des fontaines, ancien fort St-Fernando, ouvrage avancé du fort St-Philippe).

Le 10 djoumadi-ettani, après 56 jours de siége, ce fort est pris ; il y est fait cinq cent quarante-cinq prisonniers.

Le Bordj-Eddjebel (fort de la montagne, Santa-Cruz,) est assiégé le 25 djoumadi-ettani et pris après deux jours de siége. Cent six hommes et six femmes sont faits esclaves.

Le fort dit Bordj-Hocen-ben-Zahwa (Saint-Grégoire), est attaqué à son tour, le 28 djoumadi-ettani et fait une résistance formidable ; les assiégeants plient à plusieurs reprises et éprouvent des pertes considérables ; ils ont recours aux mines et une brèche est pratiquée; le 15 chaàban, le fort est emporté, après un siège de trente-sept jours et la garnison est massacrée.

Trois jours après, le Bordj-el-Yaoudi (fort la Moune), battu en brèche, est également emporté et la garnison est passée au fil de l'épée.

L'armée entre dans Oran, en choual 1119, c'est-à-dire après un siège de cinq mois.

Le Bordj-el-Ahmar ou Ed-Djedid se rend ensuite et il y est fait cinq cent soixante prisonniers.

Le fort Houm-el-Mersa (Mers-el-Kebir), dernier point occupé par les Espagnols, fait une résistance désespérée; une brèche est pratiquée et la place emportée; la garnison, forte de trois mille hommes, est passée au fil de l'épée.

A cette analyse succincte, j'ajouterai qu'Oran fut repris en 1733 (1145) par une armée espagnole placée sous les ordres du duc de Mortemart.

Abdy-Pacha était alors dey d'Alger.

§ 4.

En 1207, (1793), et sous le règne de Hassan-Pacha, a été conquise la ville d'Oran par le bey Mohammed; les clés de cette ville ont été dorées et envoyées ensuite au Grand-Sultan : celui-ci a conféré au Pacha d'Alger un nouveau toukh (queue), ce qui porte leur nombre à trois.

§ 5. — *Prise d'une frégate tunisienne.*

Le 28 rabia-ettani de l'année 1226 (1811), le raïs (1) Hamidou a capturé avec sa frégate une frégate tunisienne et l'a amenée à Alger, après un brillant combat; la flotte algérienne se composait de six navires de guerre et de quatre canonnières, et la flotte tunisienne de douze bâtiments de guerre, mais l'action a eu lieu seulement entre la frégate de raïs Hamidou et la frégate tunisienne dont il est question. L'engagement a duré six heures et n'a cessé que bien après l'Acha (2). Notre frégate a eu quarante-un hommes tués et la frégate tunisienne deux cent trente ; que Dieu ait pitié d'eux et de nous, car nous sommes tous musulmans, et qu'il daigne favoriser notre avenir ; Amen !

§ 6. — *Expédition anglaise.*

L'an mil deux cent trente-un (3), le quatrième jour du mois béni de choual, un mardi, entra dans la baie l'amiral anglais, chef des maudits, avec trois vaisseaux à trois ponts, trois vaisseaux à deux batteries et demie, cinq bombardes ayant des mortiers, des frégates, des bricks et des canonnières de diverses dimensions, en tout trente-trois navires y compris six frégates appartenant à la nation hollandaise.

L'amiral, nouveau Nemrod, avait fait hisser à son grand-mât une bannière blanche, qui est un pavillon de paix, et ils se dirigeaient vers la terre ; il avait envoyé par une embarcation une missive au

---

(1) Capitaine de navire
(2) Prière qui se dit une heure et demie après le coucher du soleil.
(3) 1816.

Pacha dans laquelle il offrait de racheter tous les esclaves contre la rançon qu'il avait apportée sur son navire.

Mais tout cela n'était que mensonge et fourberie de sa part, et son seul but était de détourner l'attention par la lecture de cette pièce afin de pouvoir exécuter une surprise.

L'escadre entière dépassa les forts et arriva à Bab-el-Mersa (1) ; là, l'amiral mouilla et après lui les autres navires,

Soudain, les canons et les mortiers tirèrent simultanément et ne formèrent qu'une seule décharge.

Le combat s'engagea.

Vers le soir, ils envoyèrent des embarcations pour incendier nos navires.

Ces bâtiments prirent feu et la nuit fut transformée en jour, à tel point que l'on voyait distinctement tous les forts, les bâtisses du port, et jusqu'aux pierres des constructions de Ras-Ammar. (2)

Le feu commença quatre heures avant le coucher du soleil et ne finit que cinq heures après ce coucher, ce qui fait neuf heures de combat

Les forts et les magasins du port, n'étant plus que des ruines, furent abandonnés et le feu cessa.

Un grand nombre de maisons furent détruites dans la ville ; nos navires furent incendiés et nous éprouvâmes des pertes considérables.

Dans ces circonstances, la population, les capitaines de navires et les gouvernans résolurent, d'un avis unanime, de rendre les prisonniers sans exiger de rançon, et la paix fut conclue sur ces bases.

Le Pacha a ordonné de consigner ces faits sur le registre du Palais. Gardez-vous à l'avenir de vous fier au fourbe Anglais et de croire à sa parole, à ses écrits et à son pavillon blanc, car tout ce qui émane de lui est mensonge.

Consigné pour servir ce que de besoin.

NOTA. — D'après une autre pièce le nombre de navires brûlés est de neuf.

Cette pièce étant très-courte, j'en donne la traduction.

Dans le courant de l'année mil deux cent trente-un, le troisième jour de choual, un mercredi, correspondant au 15 août, les ennemis de la religion, les Anglais mécréants, arrivèrent avec vingt-six bâtiments, grands ou petits, et six frégates de la nation infidèle des Hollandais, en tout trente-trois navires maudits ; leur chef battait pavillon blanc à son grand-mât.

L'escadre s'avança jusqu'à ce qu'elle eut dépassé les forts.

Après neuf heures d'un combat acharné, ils nous brûlèrent neuf navires, démolirent les forts et les maisons, et enlevèrent les prisonniers sans nous donner la moindre rançon, pas même une obole. Qu'ils aillent tous en enfer !

3 choual 1231 (1816).

NOTES.

L'expédition anglaise dont parlent les deux pièces qui précédent est celle que lord Exmouth dirigea en 1816.

---

(1) Porte de la pêcherie.
(2) Ras-Ammar était la batterie la plus avancée au Nord.

Il existe de notables différences entre ces relations et celles que donnent nos documents.

Les deux extraits suivants les feront ressortir.

« Le vingt-sept août parut, devant Alger, l'escadre anglaise,
» composée de deux vaisseaux à trois ponts, trois vaisseaux de
» quatre-vingts canons, six frégates de quarante-quatre canons,
» cinq corvettes, cinq bombardes, plus cinq frégates et une cor-
» vette hollandaises. Le combat commença à deux heures et demie
» et dura jusqu'à minuit et demi. Les Anglais eurent beaucoup à
» souffrir des batteries casematées. Ils incendièrent la flotte algé-
» rienne qui perdit cinq frégates, quatre corvettes et trente cha-
» loupes canonnières. Le lendemain, 28, la ville se rendit et obtint
» des conditions. Les Anglais avouent huit cent quatre-vingt-trois
» morts sans compter les blessés. »

(*Annales maritimes* 1816.)

« Le 27 août, la flotte arriva à Alger. Un bâtiment parlementaire
» fut détaché pour remettre aux autorités algériennes une somma-
» tion de se soumettre immédiatement aux volontés de l'Angleterre
» Pendant ce temps, lord Exmouth prit position. Le parlementaire
» étant revenu sans réponse, après avoir attendu trois heures, le
» feu commença. Il fut terrible et dura jusqu'à bien avant dans la
» nuit ; presque toutes les batteries des Turcs furent démontées
» et leurs navires incendiés. . . . .
» . . . .
» Les Anglais avaient opéré avec une habileté et une audace re-
» marquables, mais la victoire leur avait coûté cher ; lord Exmouth
» dut quitter la position qu'il avait prise et s'éloigner un peu, dou-
» tant qu'il lui fût possible de continuer les hostilités. Le lende-
» main, il écrivit au Dey que l'Angleterre désireuse d'arrêter
» l'effusion du sang, offrait la paix, malgré ses succès, aux mêmes
» conditions qu'avant le combat. Contre son attente peut-être, le
» Dey, encore tout étourdi du fracas de la veille, s'empressa d'ac-
» cepter les conditions. En conséquence, le jour même, 28 août,
» il souscrivit un traité qui déclara aboli pour jamais l'esclavage
» des chrétiens ; tous les esclaves chrétiens furent rendus à la li-
» berté sans rançon et sans distinction de nation. Les sommes per-
» çues pour rachat d'esclaves depuis le commencement de l'année
» furent rendues ; enfin, le Dey fut obligé de faire des excuses pu-
» bliques au consul. »

(*Exploration scientifique de l'Algérie*, tom. 6. p. 296, § XLIX, III° Mémoire historique et géographique d'E. Pélissier. — Rapport de lord
Exmouth, journaux du temps.)

Cette expédition a eu lieu sous le règne d'Omar-Pacha.

§ 7. — *Expédition anglaise.*

Relation de ce qui s'est passé en l'année mil deux cent trente neuf (1823), par suite de la résolution prise par les gouvernans de l'Angleterre de nous déclarer la guerre, de nous bloquer par mer et d'intercepter le chemin sur tout le littoral aux navires arrivant ou partant

Six mois après cette décision, le lundi, quatorzième jour du mois de kiada, les vaisseaux des maudits entrèrent dans la baie.

Le Chef du gouvernement ordonna aux canonnières de sortir et d'aller les attaquer, en implorant l'assistance de Dieu, le meilleur des vainqueurs.

Elles engagèrent la canonnade, et l'ennemi, rebroussant chemin, regagna la pleine mer.

Le vingt-troisième jour du même mois, les vaisseaux des maudits et les bombardes entrèrent de nouveau dans la baie, en ligne de combat et manœuvrèrent pour s'approcher des forts.

Lorsqu'ils furent à portée, les batteries inférieures des fortifications s'unirent dans une seule décharge et les mortiers lancèrent de tous côtés leurs gerbes de bombes.

Quand les mécréants virent cette attaque formidable contre laquelle ils ne pouvaient lutter, l'un des vaisseaux des traîtres et fourbes hissa un pavillon blanc à son grand-mât et après lui toute l'escadre en fit autant.

L'amiral envoya pour implorer la paix, une embarcation battant également pavillon blanc.

Le modèle d'équité, le régulateur de sagesse et de religion, le vicaire de Platon, le prince et la gloire d'Alger, Hussein-Pacha, que Dieu lui fasse atteindre le but de ses désirs, n'écoutant que les conseils de son courage, déclara que la paix était subordonnée au changement du consul.

L'amiral accepta cette condition et la paix fut conclue.

Qu'une louange éternelle et entière soit adressée à Dieu ! Quelle guerre contre les infidèles est comparable à celle-ci? Les troupes de la foi ont été victorieuses et triomphantes, et les ennemis de la religion vaincus et couverts de honte. L'oudjack d'Alger s'est élevé ! son rang s'est exhaussé et la renommée de sa gloire s'est répandue de toutes parts ! Quelle faveur sublime lui a été faite ! Quelle magnifique victoire il a remportée !

Les combattants pour la foi, Turc ou fils de Turcs, ont été récompensés par une augmentation de solde cinq de saïma (1).

Récompense entière et complète.

Consigné pour ce que de besoin.

Nota. —L'expédition anglaise dont il est question ici est celle qui eut lieu en 1823 sous les ordres de l'amiral Neale ; les satisfactions demandées par l'Angleterre furent accordées après un court engagement.

§ 8.

Après l'attaque dirigée par les Anglais contre l'oudjack d'Alger, à la suite de laquelle l'Islam remporta la victoire et les mécréants, nation d'oppresseurs, furent atteints par la honte et la destruction (que Dieu renverse leurs villes et extermine leur race!) ce qui fut une joie sans égale pour le prince d'Alger, l'unique parmi ses contemporains, la rareté de son temps, le modèle de sagesse et le régulateur de religion la gloire d'Alger, Hussein-Pacha, que Dieu (qu'il soit élevé !) le préserve de tout danger,

Sa Seigneurie fortunée, comblant de sa faveur les combattants de la foi, Turcs ou fils de Turcs (2), grands et petits, augmenta leur solde de cinq saïma.

Quant à ceux dont la solde avaient déjà atteint le maximum, il

(1) Je donnerai plus loin la signification du mot saïma.
(2) Coulougli.

décida qu'ils recevraient en remplacement de cette augmentation cinq mahboub, anciens.

A chaque agha de drapeau et à chaque porte-étendard, il accorda vingt dinars d'or.

Faveurs et bienfaits complets.

Consigné ici pour servir ce que de droit.

Ecrit le 23 kiada de l'année 1239 (1823).

§ 8. — Épisode du blocus français.

A l'époque des hostilités qui éclatèrent entre les Français et l'oudjack victorieux, les mécréants bloquèrent par mer les ports de l'oudjack du Sultan, et cela ave les navires dont le détail suit :

Une grande frégate à deux batteries, une frégate plus petite que la précédente, deux bricks et une goëlette.

En tout cinq bâtiments puissamment armés et formidables.

Les guerriers, dans leur zèle et leur ardeur pour la guerre sainte, brûlaient de combattre dans la voie du Souverain des cieux.

Ils sollicitèrent donc de sortir à la rencontre de l'ennemi.

Il y avait alors à Alger, une petite frégate, une corvette, des bricks et des goëlettes, en tout onze bâtiments.

Le Prince donna l'ordre de préparer ces navires pour le départ.

Les préparatifs furent promptement terminés et les guerriers, combattant pour la gloire de la religion, s'embarquèrent dans la soirée du mercredi, treizième jour du mois de rabia-l'ouel de l'année 1243 (1827) et second jour de la naissance illustre (1).

Ils partirent après le coucher du soleil, se confiant en Dieu et pleins de courage et de résolution.

Le lendemain, jeudi, à la pointe du jour, ils se trouvèrent en présence de l'ennemi.

Ensuite le combat s'engagea et se prolongea pendant plus de trois heures.

Par la grâce de Dieu, le zéphyr de la gloire souffla sur le parti de la Foi et le souffle de la honte et de la calamité atteignit ses ennemis.

Leur commandant donna le signal de la retraite en tirant trois coups de canons à poudre et ils s'enfuirent couverts d'opprobre.

Par la protection du Créateur, les troupes de l'Islam ont été victorieuses et triomphantes et les ennemis de sa religion vaincus et humiliés. Amen !

15 rabia-l'ouel 1249 (1827).

NOTES.

Cet engagement ne tourna pas autant à la gloire des armes musulmanes que le prétend la pièce officielle.

On peut en juger par l'extrait suivant :

« 10 octobre 1827. — Le brick le Faune arrivé à Toulon, apporte » les nouvelles suivantes.

» Le 4 octobre, à la pointe du jour, le commandant Collet étant à » 7 milles au nord d'Alger, avec l'Amphytrite, la Galatée, le Faune, » la Cigogne et la Champenoise a vu sortir du port onze bâtiments

(1) Naissance du Prophète.

» de guerre dont une grande frégate portant des canons de 18,
» quatre corvettes de 20 à 24 canons de 18, et 6 bricks ou goélettes
» de 16 à 18 pièces de 12. Tous ces bâtiments se dirigeaient dans
» l'ouest, près de la côte ; le vent était fort et la houle portait à
» terre ; cependant M. Collet courut à l'instant sur l'ennemi qui
» manœuvra pour combattre près des batteries de la côte. A midi
» et demi, le combat commença vivement ; l'ennemi plia deux fois
» complètement, fesant vent arrière. A deux heures et demie il se
» mit sous la protection de ses forts et à la nuit il se dirigea sur le
» port et M. Collet le perdit alors de vue.

» Le 5 le calme et la grosse mer empêchèrent la division d'ap-
» procher de terre. La frégate algérienne et deux grosses corvettes
» ont le plus souffert. Le pavillon d'un haut personnage flottait
» sur l'une d'elles.

» M. Collet dit que sans la grosse mer et la proximité de la côte
» il aurait entièrement détruit cette division ; il espère être plus
» heureux à l'avenir et pouvoir profiter de l'ardeur et du dévoue-
» ment extrême que les officiers et les équipages ont montrés dans
» cette circonstance.

» Il s'est assuré depuis que les onze bâtiments algériens sont
» tous rentrés dans le port et qu'aucun n'a pu s'échapper pour
» courir sur les bâtiments de commerce.»

(*Annales maritimes*, 1827, 2ᵉ partie, 2ᵉ volume, f. 655.)

CHAPITRE 2.

MOUVEMENT DES TROUPES DE TERRE ET DE MER.

NOTES.

Avant de compléter la série de traductions que j'ai entrepris de publier, je crois utile d'entrer dans quelques détails au sujet du personnel de l'ancienne administration turque.

Je puise ces renseignements dans les matériaux que j'avais amas-sés en vue d'un recueil de notes auquel je n'ai pas renoncé, mais que les développements que j'ai l'intention d'y donner, ne me permettront pas de faire paraître d'ici à quelque temps.

Du Palais.

Les étages supérieurs du palais sont affectés aux appartements particuliers du Dey, appelés Esseraïa.

A l'étage inférieur se trouve la Mehakema ou siège officiel du gouvernement.

La Mehakema renferme le trône du pacha, le trésor, et les registres et archives du palais ; c'est là que siège le pacha, et que sont installés le Kheznadji, les deux Saidji, les quatre écrivains du palais et les Oukela-el-Hardj ; c'est la aussi que se réunit le diwan (*Conseil*).

Maison du Pacha.

Un personnel nombreux est attaché au service des appartements particuliers du pacha.

Quelques membres de ce personnel méritent une mention particulière, car ils occupent des emplois de confiance et fort considérés.

Il faut citer en première ligne le Atchi-Bachi, cuisinier en chef, chargé de la haute direction des cuisines du palais et appelé à goûter devant le pacha tous les plats qui lui sont servis ; le Atchi-Bachi a sous ses ordres une armée de Tebakh *(cuisiniers)* et il lui est adjoint un cuisinier en second ou Kikhia.

Vient ensuite le Kheznadar, trésorier particulier du pacha, qui est chargé, en outre, de la conservation de ses armes, de la garde-robe et du mobilier des appartements particuliers; il lui est adjoint un second.

Tout le personnel de la maison du pacha est sous les ordres du Atchi-Bachi et du Khezndaar.

Le Kabou-Ghorfa est chargé du service intérieur de la chambre à coucher du pacha.

Le Biskri-Sidna est un Biskri attaché au pacha et son messager favori; malgré la simplicité de son habillement, semblable en tous points, à celui de ses compatriotes, il est un personnage important à cause de la faveur dont il jouit; aussi reçoit-il un grand nombre d'étrennes.

Pour se faire reconnaître en dehors du palais, il porte sur son épaule droite une Foutha *(pièce d'étoffe)* pliée en long.

Un cafetier, Kahwadji est attaché spécialement à la maison du pacha.

Les fonctions du Teurdjeman correspondent à celles d'un huissier; c'est lui qui transmet au pacha, soit dans la Mehakema, soit dans les appartements particuliers, les messages du dehors, qui introduit les solliciteurs et les visiteurs et qui transmet les ordres du pacha.

Le Khodjet-el-Bab remplit les fonctions de portier du palais; il ne peut s'absenter de son poste et doit être célibataire. C'est par ses soins qu'ont lieu la fermeture et l'ouverture des portes du palais. La garnison du palais est placée sous ses ordres; il se tient pendant la journée dans un local qui lui est ménagé derrière la porte et il couche dans un local sis vis-à-vis la porte et qui est occupé dans la journée par le Khodjet El-Kheil. Il porte le turban des Khodjâ.

Le palais est gardé par une Nouba *(garnison)* commandée par un Agha; ces hommes se tiennent durant le jour devant la porte du palais et lors de la fermeture des portes rentrent et s'installent pour passer la nuit sous les galeries intérieures.

En outre, des gardes d'honneur nommés Sallak et Bachouda et qui n'ont aucune mission spéciale, se tiennent pendant le jour devant la porte du palais et rentrent chez eux à la fermeture des portes.

Des principaux fonctionnaires.

Le principal fonctionnaire est le Kheznadji, premier ministre et grand trésorier de la Régence. Ce fonctionnaire siège dans la Mehakema à côté du pacha.

Sous ses ordres sont placés deux Saïdji, dont la mission est de compter le numéraire qui est étalé devant eux.

Deux Oukela-el-Hardj sont attachés à la Sefra *(table)* du trésor, comme agents subalternes ; ils se tiennent, debout, en face du pacha ou du Kheznadji, prêts à exécuter ses ordres.

Quatre écrivains siégent également dans la Mehakema et sont chargés de tenir les écritures du palais sous la direction du Kheznadji; leur chef a le titre de Bach-Deftar; les trois autres prennent les noms de Bach-Makataâdji, de second Makataâdji et enfin de Rokamdji.

Le pacha a, en outre, pour secrétaire particulier, un écrivain qui prend le titre de Khodjet-Esseur et qui a un adjoint.

Le Kheznadji est spécialement chargé de l'encaissement des produits de l'état et de la paie des troupes et autres dépenses. C'est lui qui ouvre et ferme la caisse, mais, en dehors des heures de séance, les clés sont toujours gardées par le pacha lui-même.

C'est au palais et par les soins du Kheznadji que les marchandises provenant de pays non musulmans sont apportées et paient les droits de douane.

Après le Kheznadji, vient l'Agha-el-Askeur, commandant général des troupes, personnage des plus importants, et les fonctionnaires ci-après :

L'Agha des spahis, chargé de l'administration des arabes et commandant de la cavalerie; c'est lui qui prend ordinairement le commandement des expéditions dirigées contres les arabes.

Le Khodjet-el-Kheil, chargé des haras du Beylik et de la remonte de la cavalerie, des bestiaux du Beylik, et de la mise en valeur des terres de l'état; il commande quelquefois des colonnes.

L'Oukil-el-Hardj de Bab-Eddjezira, ministre de la marine.

Le Beit-el-Maldji, chargé de la liquidation des successions vacantes ou en déshérence, du service des inhumations et de la surveillance et de l'entretien des cimetières.

Le Captan-Raïs, amiral, commandant général de la marine de guerre et de la marine marchande et relevant directement de l'Oukil-el-Hardj de la marine.

Le Kikhià du Kheznadji, chargé de la haute surveillance de la police.

Le Bach-Thodji, commandant de l'artillerie.

Le Bach-Boumbadji, chef du service des bombardiers.

Le Khodjet-Merhezen-Ezzeraâ *(secrétaire des magasins aux grains)*, intendant des vivres; dirige et surveille la confection du pain de troupe, la distribution aux troupes du grain et du pain nécessaires à leur consommation, le recensement des terres cultivées et la perception de l'Achour sur le blé et l'orge dans les Outhan ; cette perception se fait par les soins de Caïds attachés à chaque Outhan et qui prennent le titre de Caïd-el-Achour.

Il a sous ses ordres un secrétaire turc, un secrétaire arabe, un Saïdji *(caissier)*. et des mesureurs.

Le Khodjet-el-Aïoun, chargé de la direction du service des eaux; tout ce qui concerne les acqueducs, les conduits d'eau, les fontaines, entre dans ses attributions; il a en outre la gestion des immeubles dont de pieux musulmans ont consacré les revenus à l'entretien des fontaines.

L'Amin Esseka, directeur de la monnaie ; c'est sous sa surveillance et par ses soins que se frappent toutes les monnaies d'or, d'argent et de cuivre ; il a la surveillance de la corporation des bijoutiers et orfèvres, entièrement composée de juifs ; il essaye et poinçonne les matières d'or et d'argent, pèse et estime les perles fines et autres bijoux, ainsi que les parfums et les essences ; il a sous ses ordres un Oukil-el-Hardj qui est un homme versé dans cette partie et qui peut le seconder efficacement ; tous les ouvriers employés à la direction de la monnaie sont des israélites.

Le Khodjet-Errahba *(secrétaire du marché aux grains)* chargé de la perception des droits du Beylik sur les grains apportés au marché.

Il a sous ses ordres un Oukil-el Hardj, un Saïdji et des mesureurs.

Chaque soir à l'heure d'el-asseur, le Khodjet-el-Errahba quitte le marché, en fait fermer les portes et en envoie les clés au Palais où elles restent jusqu'au lendemain matin.

Le Khodjet-el-Melhh ; le Beylik ayant le monopole du sel, le Khodjet-el-Melhh est chargé de diriger les achats de chargements et leur vente en détail ; il a sous ses ordres un Oukil-el-Hardj, un Saïdji et des mesureurs ; il envoie, tous les soirs la clé du magasin au Palais ; il fait ses versements au trésor tous les deux mois.

Le Khodjet-el-Djeld, chargé de la direction du monopole des peaux, il a sous ses ordres un Oukil-el-Hardj, un Saïdji et des aides ; les clés du fondouk sont portées chaque soir au Palais.

Le Khodjet-el-Goumerek de la marine, chargé de percevoir à la marine, les droits de douane sur les marchandises provenant de pays musulmans *(les marchandises arrivant de pays non musulmans acquittent les droits de douane au palais et entre les mains du Kheznadji)* il a sous ses ordres un écrivain, un Oukil-el-Hardj, un Saïdji et des agents, il fait ses versements au trésor tous les deux mois ; les clés des magasins de la douane sont portées chaque soir au Palais.

Le Khodjet-el-Goumerek de Bab-Azoun, chargé de la perception des droits d'octroi ; il a sous ses ordres un Oukil-el-Hardj, un Saïdji et des agents ; les clés de son local sont portées tous les soirs au Palais.

Le Kodjet-el-Ouzan, directeur du poids public ; fait ses versements tous les deux mois, il a sous ses ordres un Oukil-el-Hardj, un Saïdji et des agents.

Le Kodjet-el-Ghenaïm (secrétaire des prises), chargé de la vente des prises et de la répartition de leur produit entre les ayants-droit, après prélèvements des frais et des droits du gouvernement ; il a sous ses ordres un secrétaire arabe, un Saïdji, un des chaouch du Palais et enfin des gens de peine pris à la journée ; il se tient à la marine.

Le Khodjet-el-Feham (secrétaire du charbon), perçoit les droits d'octroi que chaque charge de charbon est obligée d'acquitter pour entrer en ville ; il se tient au marché au charbon, hors Bab-Azoun et a sous ses ordres un Saïdji et un seul agent ; il fait ses versements tous les deux mois.

Le Khodjet-Ettout, chargé du recouvrement annuel de l'impôt grevant les mûriers et de son versement au trésor.

Le Bach-Khodja, doyen du corps des khodja (écrivains turcs) d'Alger ; le nombre de ces khodja est limité et pour en faire partie il faut déposer chez le Kodjet-el-Bab du Palais une somme d'environ 600 francs et passer, à son rang d'ancienneté, un examen lorsqu'une vacance se présente; c'est dans le sein de ce corps que le Pacha choisit les écrivains du Palais.

Le Caïd-el-Mersa, remplissant les fonctions de capitaine du port, est chargé de la surveillance et de la police du port, de la visite des navires de guerre ou du commerce partant ou arrivant, de la réception des plis adressés au Pacha; il a sous ses ordres deux capitaines de navires, un écrivain qui prend le titre de Khodjet-Caïd-el-Mersa, un Ourdian-Bachi ou inspecteur et de nombreux agents; il est toujours choisi parmi les capitaines expérimentés; il a un logement au port. Tous les matins il assiste à la réception du Pacha.

Le Mezouar, également appelé Caïd de la nuit, est chargé de la police de la ville, et particulièrement pendant la nuit; il a sous ses ordres des agents appelés harss et dont le principal prend le nom de Bach-Sakdji; il est également chargé de la surveillance des femmes publiques, de leur inscription sur un registre, et du recouvrement de l'impôt dont elles sont frappées; il verse tous les deux mois au trésor le produit de cet impôt, sur lequel il a une remise qui constitue ses appointements; il dispose d'une prison réservée exclusivement pour ces femmes et a, en outre, la surveillance de la prison des maléki et l'exécution des peines corporelles infligées par qui de droit; la bastonnade est appliquée soit au Palais par un chaouch, soit dans le local du kikhia par un des agens du Mezouar, selon que la peine est ordonnée par le Khesnadji ou par son kikhia; les décapitations ont lieu hors la porte dite Bab-Azoun et les pendaisons sur les remparts de ce nom; le criminel est mené au lieu du supplice par les agents du Mezouar, précédé d'un Berrah, crieur public, qui annonce à haute voix le nom du coupable et son crime; après l'exécution le Mezouar va annoncer au Pacha la mort de son ennemi.

L'emploi de Mezouar était jadis honoré, mais il est tombé en grande déconsidération depuis que la surveillance des femmes de mauvaise vie est entrée dans ses attributions.

Le Caïd-el-Fahss, chargé de la police et de la surveillance de la banlieue d'Alger; ses agents sont armés et portent en outre des bâtons ferrés; les rondes se font particulièrement la nuit; il est chargé de faire exécuter les pendaisons ordonnées par l'Agha des arabes (Agha-el-Asbaïhia); ces exécutions ont lieu hors Bab-Azoun et des oliviers sauvages servent de potence; il a la police des fêtes qui se donnent dans les campagnes.

Le Caïd-el-Abid, chargé de la surveillance des nègres libres ou affranchis.

Le Caïd Ezzebel, chargé de surveiller le nettoiement de la ville; les ordures domestiques sont déposées dans un retrait ménagé à la porte de chaque maison et enlevées tous les matins par les balayeurs; le Caïd se tient ordinairement à la porte du palais, et il a pour mission, en outre de ses attributions, de précéder jusqu'à leur destination, les personnages qui sortent de chez le pacha; cette course lui rapporte toujours une étrenne.

Le Caïd-Echouara, chargé de l'entretien des égouts et du pavage de la ville; les Beys lui font des étrennes lors de leur visite au pacha.

Le Mohtasseb, inspecteur et collecteur des marchés et des boulangers; il perçoit des droits en nature sur les fruits et légumes, le lait et autres denrées apportées sur les marchés; le produit de cette dîme est vendu et une partie de son montant forme les honoraires du Mohtasseb; le surplus est versé par lui au trésor ; il fait exécuter les tarifs des marchés et vérifie le poids et la qualité du pain, les délinquants sont immédiatement punis de bastonnade.

Le Schiekh-el-Blad, chargé de la surveillance des corporations industrielles telles que celles des tailleurs, des tisserands, des cordonniers ; etc.; il perçoit les impôts dont ces corporations sont frappées et en fait le versement au trésor tous les deux mois ; il a, à cet effet, un registre qui est tenu par un Khodjà ; ses honoraires sont prélevés sur les impôts dont il s'agit ; il a en outre la surveillance d'une prison destinée aux femmes autres que celles qui dépendent du Mezouar.

Le Bach-Djerah , premier chirurgien.

Le Bach-Siar, chef des estafettes.

L'Inadji , chargé de la vigie de Bouzénah.

Le Berrah , crieur public, hérault d'armes.

Le Bach-Saïs, chef des écuyers.

Le Siar, bourreau.

Des Amin.

Amin des Beni-Mezab.

Cette corporation est la plus riche et fait souvent des prêts au pacha ; ses membres excercent les métiers de baigneurs, de revendeurs, de meuniers, d'âniers et de marchands de charbon.

Amin des Leghouat.

Cette corporation se livre exclusivement au commerce de l'huile.

Amin des kabyles.

Amin des biskri.

Amin des maçons.

Amin des chaufourniers.

Amin des tailleurs.

Amin des passementiers.

Amin des brodeurs.

Amin des selliers.

Amin des fabricants de crosses.

Amin des armuriers.

Amin des chaudronniers.

Amin des forgerons.

Amin des tanneurs.

Amin des cordonniers.

Amin des fabricants de pantoufles (El-Belaghdjià).

Amin des fabricants de bâts.

Amin des teinturiers.

Amin des mekaissia ou fabricants de bracelets en corne pour les femmes arabes.

Amin des menuisiers.

Amin des potiers.

Amin des semanin, marchands de beurre et de miel.

Amin des atharia, parfumeurs et épiciers.

Amin des fabricants de calottes.

Amin des étameurs.

Amin des Djildjelia (gens de Djidjelli).

Amin des boulangers.

Amin des fabricants de savon.

Amin des fabricants de nattes.
Amin des pêcheurs.
Amin des dellallin, sortes de commissaires-priseurs.

Ainsi qu'il a été dit plus haut, ces corporations relèvent du Schiekh-el-Blad.

Du Conseil (Diwan).

Le Conseil *(Diwan)* se compose de tous les hauts fonctionnaires.
Il ne se réunit qu'en cas de guerre.
Les notables de la ville, les culamas et les anciens sont appelés à y assister.

Lorsque le Mouedden a appelé les fidèles à la prière d'El-Asseur *(2 heures avant le coucher du soleil)* le Kheznadji se lève et quitte le palais suivi des quatre écrivains, des deux Saïdji, des deux Khodjet-Esseur, des deux Oukil-el-Hardj, du teurdjeman et des chaouchs.
Leur sortie est saluée par les acclamations de la garnison.
Le Kikhia, siégeant dans un local sis en dehors du palais, se lève à son tour et rentre chez lui ainsi que les Belouk-Bachi et leurs chaouchs.
Alors le Bach-Agha et ses chaouchs, auxquels se joignent le Khodjet-Errahba pénètrent dans les cuisines du palais, et prennent leur repas habituel du soir composé d'une entrée de viande et d'un plat de berghel.
Ils descendent ensuite, suivis des musiciens du pacha, qui ont également pris leur repas et les Sellak et les Bachouda montent dans leur cuisine, dînent et se retirent.
Le palais est alors vide et le Khodjet-el-Bab, en défend l'accès à tous.
Cependant le ministre de la marine fait exception; il ne quitte son poste que lors de la prière d'El-Asseur et l'importance de ses fonctions exige qu'il prenne chaque soir les ordres du pacha.
Le portier de la marine apporte au pacha la clé de la porte qui lui est confiée *(les clés des autres portes de la ville sont portées chez l'Agha-el-Askeur)*.
Une chaîne est tendue à la porte du palais depuis un moment et doit être un peu relevée pour laisser passer les mulets qui apportent la provision d'eau.
Après leur départ, le Khodjet-el-Bab, fait entrer la garnison et procède à la fermeture de la porte; les soldats s'installent sous les galeries intérieures et s'abritent derrière des rideaux; leur Agha couche tout contre la porte du trésor Le Khodjet-el-Bab monte dans la Serraia *(appartements particuliers)* et remet au pacha les clés du palais; il lui tient compagnie ainsi que le Atchi-Bachi et le Kheznadar jusqu'au Meghereb *(coucher du soleil)*, heure du dîner, le Khodjet-el-Babfait office d'Iman et dit la prière.

Après le dîner le Khodjet-el-Bab quitte la Seraïa et établit son lit dans le local que le Khodjet-el-Kheil occupe pendant le jour.

A l'aurore, il se lève ainsi que les soldats ; il récite la prière du matin et ils attendent ensuite le réveil du pacha.

Cependant, à l'extérieur arrivent successivement le Kheznadji, l'Agha-el-Arbaïhia, le Khodjet-el-Kheïl, le Beit-el-Mal et le ministre de la marine et ils attendent dans le local des Sellak.

Les écrivains du palais attendent dans la mosquée.

Les Saïdji et les Oukil-el-Hardj, attendent dans le local des Belouk-Bachi.

Tous les agents dont le local est en dehors du palais, tels que les Belouk-Bachi, le Kikhia, le Bach-Agha, les chaouchs, arrivent et s'installent.

Cependant le pacha descend de ses appartements, suivi du Garda-Kabou qui porte les clés du palais et du trésor.

Les soldats se forment en rang et répondent par leurs acclamations au salut que leur adresse le pacha.

Le Pacha s'assied sur son trône et le Garda-Kabou dépose les clés sur un coussin.

Le Khodjet-el-Bab s'approche du pacha, lui baise la main, et s'empresse, suivi de la garnison, d'aller ouvrir les portes du palais.

Les fonctionnaires sont introduits dans l'ordre suivant :

Le Kheznadji, l'Agha des arabes, le Khodjet-el-Kheil, le Beit-el-Maldji, le ministre de la marine, les quatre écrivains du palais, les Oukil-el-Hardj, les Khodjet-Esseur, les Saïdji, le teurdjeman, les chaouchs et les musiciens.

Le Kheznadji baise la main du pacha, reçoit la clé du trésor et se met à son poste.

Tous les autres fonctionnaires accomplissent après lui et dans l'ordre réglé, la cérémonie du baise-main. Ceux dont le poste est dans la Mehakema s'installent ; le ministre de la marine se rend immédiatement dans ses bureaux ; l'Agha, le Khodjet-el-Kheil et le Beit-el-Maldji s'asseyent à la gauche du pacha.

Un domestique, descendu des appartements particuliers, fait circuler deux plateaux, renfermant l'un des petits morceaux de pain et de fromage et l'autre des tasses à café.

Lorsque ce frugal déjeûner est achevé, le Kikhia, les Bellouk-Bachi et autres fonctionnaires inférieurs sont admis au baise-main.

L'Agha, le Khodjet-el-Kheil et le Beit-el-Maldji prennent ensuite congé du pacha et se rendent à leurs postes respectifs.

. . . .

Après avoir terminé quelques affaires ou s'être entretenu avec les agents de la Mehakema, le pacha se retire dans ses appartements ; la durée de sa séance n'est pas limitée et dépend entièrement de son bon vouloir.

. . . .

Vers dix heures, le Kheznadji, le Khodjet-el-Kheil et l'Agha des arabes s'assemblent chez le Atchi-Bachi *(cuisinier en chef)* et déjeûnent avec lui ; les restes de leur table sont servis aux soldats de la garnison.

Deux tables sont dressées dans la Mehakema, l'une pour les quatre écrivains du palais et l'autre pour les deux Saïdji, les deux Oukil-el-Hardj, les deux Khodjet-Esseur et le teurdjeman ; les restes de ces tables sont servis aux chaouchs.

. . . .

Tous les turcs ou couiougli *(fils de turcs)* fixés à Alger, touchent une solde, qu'ils soient ou non, portés sur les contrôles des janissaires.

Le minimum de cette solde est de 14 saïma *(14 fr. environ)* et le maximum de 160 saïma *(30 fr.)*.

La saïma est une monnaie conventionnelle dont la valeur est d'environ 18 centimes.

Les plus hauts fonctionnaires, comme les plus simples soldats ou particuliers, touchent cette solde. La différence des émoluments réside dans la fixation des étrennes qui sont attribuées à chaque emploi.

La paie a lieu tous les deux mois au palais.

. . . .

Les janissaires sont divisés en Oudjak ou chambrée ayant chacune un numéro et renferment un nombre indéterminé d'hommes.

Dans les garnisons *(Nouba)* les hommes sont divisés par sefra *(table)*; chacune de ces escouades contient de 11 à 16 hommes.

Dans les colonnes, les hommes sont divisés par kheba *(tente)* ou escouade de 11 à 16 hommes.

Tous les grades se donnent à l'ancienneté; ce sont les suivants :

Bach-Ioldach, premier soldat.

Oukil-el-Hardj *(chargé du détail)*.

Ouda-Bachi, chef d'escouade qui commande soit une kheba, soit une sefra.

Belouk-Bachi.

Les Belouk-Bachi ne comptent plus dans l'oudjak et forment un corps séparé; ils sont appelés à tour de rôle à commander une Nouba ou une colonne avec le titre d'Agha, ou à servir sous les ordres de l'Agha comme Kikhia ou second; leur mission terminée, ils rentrent dans les rangs des Belouk-Bachi; le plus ancien Belouk-Bachi devient Agha-el-Askeur, mais il n'occupe ce poste élevé que deux mois et reçoit ensuite sa retraite; il prend alors le titre de Manzoul-Agha.

. . . .

Les janissaires sont tous fantassins, à l'exception de ceux qui forment la suite de l'Agha; les tribus sont tenues de fournir un nombre de cavaliers proportionné à leur population.

. . . .

§ 1er. — *Mouvements de navires.*

L'an mil-cent-quatre, le douzième jour du mois de châaban, dix bâtiments de guerre ont été désignés pour sortir en escadre; l'un d'eux doit porter des cadeaux au sublime Sultan. Écrit le 18 châaban 1104 (1693) savoir :

Navire du Beylik, commandé par Raïs-Ahmed-Captan, portant 8 sefra de troupes turques, 80 canonniers turcs et 50 mécréants esclaves.

Navire du Raïs-Mohamed-Semsoum; portant 8 sefra de soldats, 48 canonniers et 10 esclaves mécréants.

Navire de Ben-Thorins-Raïs; portant 7 sefra de soldats turcs; 45 canonniers et 10 infidèles esclaves.

Navire de Ben-Thekar-Raïs; portant 5 sefra de soldats, 42 canonniers et 10 mécréants esclaves.

Navire du Courdian-Raïs-Koudjou-Ali, portant 7 sefra de soldats; 44 canonniers et 11 esclaves mécréants.

Navire d'Abd-Errahman-Khodja ; portant les étrennes destinées au Sultan. Il a à bord 5 sefra de soldats, 45 canonniers et 10 mécréants esclaves.

Navire d'Ousta-Youssef-Kerousseli ; portant 6 sefra de soldats, 40 canonniers et 10 esclaves mécréants.

Navire de Bostandji-Soliman-Raïs; portant 6 sefra de soldats, 42 canonniers et 10 esclaves chrétiens.

Navire de Ben-él-Kezaz ; 4 sefra, 36 canonniers, 10 esclaves.

Navire de Ben-Salah-Khodja-Alı-Raïs ; 8 sefra, 53 canonniers, 10 esclaves.

Le nombre total des sefra est de 63 ; chaque sefra est composée de 16 hommes.

Chaque navire a un Agha, chef des sefra, qui est accompagné de huit soldats.

Quant aux sefra des canonniers et des gens du navire, tels que les Raïs, les matelots, les oukil-el-hardj, les cuisiniers, les ourdian, les yakandji, les amberdji et autres, ce n'est point le lieu d'en faire l'énumération car nous ne nous occupons ici que des soldats.

Le Sultan fournit les troupes de plomb, de poudre et autres munitions.

Le Beylik a fait délivrer à chacune des sefra susmentionnées quatre teltia (mesure) de blé, prises au marché aux grains et une jarre de beurre salé; quant au riz, le prix en a été fourni par la caisse de la chambrée des casernes de janissaires à laquelle chaque sefra appartient.

Divers grades des officiers de navires :

Capitaine de bâtiment, Bach-Raïs, Raïs-el-Assa, Bach-Thodji-Yakandji, Ourdian, Khodja, timoniers, patrons de barque, charpentiers, calfats, amberdji, cuisiniers, et oukil-el-hardj chargés des provisions de bouche telles que galettes, huile, riz, beurre salé, vinaigre, etc. (1)

Diverses sommes touchées par des capitaines de navires pour être distribuées aux équipages.

Ces allocations s'appellent Komania et ont lieu lorsqu'un navire doit prendre la mer.

21 Redjeb 1181 (1767) le Hadj-Mohamed-Raïs a reçu pour sa Komania de voyage, neuf dinars (48 fr. 60 c.). Mustapha-Khodja-Bach-Thobdji a reçu pour sa Komania de voyage 77 dinars (405 fr. 80 c.).

1180 (1766) Soliman-Raïs-Ben-Zeurman a reçu pour sa Komania de voyage 85 dinars (459 fr).

Boursali-Raïs, capitaine de la frégate du Beylik, a reçu pour sa Komania 60 dinars (324 fr.).

16 Kiada 1187 (1773) Ahmed-Raïs, capitaine de la grande frégate, a reçu pour sa Komania 100 dinars (540 fr.).

---

(1) Voir ma notice.

Sommes remises à des capitaines à titre de Komania.

Frégate de Raïs-Amidou 150 sultanis (810 fr). Frégate Portugaise 170 sultanis (918). Frégate Américaine 150 sultanis (810). Le Grand Briganti (1) 60 sultanis (324 fr.). Le Briganti moyen 86 sultanis (464 fr. 40 c.). Le Brig Neuf 86 sultanis (464 fr. 40 c.) La Polacre 86 sultanis.

Le dimanche, 22 du mois de châaban 1227 (1812) ont été désignés trois navires de guerre pour aller croiser dans l'Océan et courir sur les bâtiments américains, hollandais, suédois et danois, dans les parages qu'ils fréquentent; que Dieu les rende victorieux et triomphants et qu'il leur donne le salut pour compagnon.
Ainsi soit-il ô Dieu protecteur.

Savoir :
La corvette commandée par Ahmed-Raïs, le Brig Portugais et un chebek maté-carré.
Le 20 châaban 1227 (1812), deux bâtiments de guerre ont été désignés pour aller croiser dans l'Océan, savoir :
La frégate Tunisienne montée par le Raïs-Mohamed-el-Happar.
Le Brig commandé par le Raïs-Tehoulak-Hassaïn.
Que Dieu leur donne la victoire et le salut pour compagnons de route et qu'il leur facilite la route ; ainsi soit-il !

Le 21 choual 1227 (1812), ont été désignés pour partir deux bâtiments de guerre, savoir :
Frégate Neuve, Raïs-Hadj-Soliman.
Frégate Portugaise, Raïs-Hadj-Hassan.
Que Dieu leur donne la victoire et le salut pour compagnons.
Le 1er redjeb, 27 avril 1226 (1811), ont été désignés pour le départ le Raïs-Ahmed-el-Haddad, et le Raïs-Ben-el-Hadj-Saad, capitaine de la galiote.
Que Dieu leur donne pour compagnons le salut et la victoire.

Le 1er rabi ettani 1227 (1812), ont été désignés pour partir les navires commandés par les capitaines dont les noms suivent : Hadj-Ahmed-el-Haddad-Raïs, Ahmed-Raïs-Lemiàli, Kara-Braham-Salah-Raïs, Tahar-Raïs, Hamidou-Raïs, Ahmed-Raïs ; plus la frégate Tunisienne.

Le 4 redjeb, 18 mai 1227, la galiote est partie, que le salut l'accompagne !

Le 4 redjeb 1227 (1812), sont partis d'Alger, neuf bâtiments, grands ou petits ; que Dieu leur donne le salut pour compagnon et qu'il leur rende la route facile. Ainsi soit-il ô Dieu protecteur des musulmans.
Le samedi 4 hidja 1236 (1820), la régence d'Alger a formé une escadre de dix navires destinée à aller assister le sultan Mahmoud dans sa guerre contre les grecs.
Que Dieu lui donne le salut pour compagnon de route ! qu'il leur accorde la victoire et qu'il les fasse revenir couverts de butin, ainsi soit-il ô Dieu protecteur ! ô dispensateur ! ô conquérant !

_____

(1) Les algériens nommaient briganti les chebeks matés-carré.

Le 15 châaban 1240 (1824), notre Régence victorieuse désigna huit navires de guerre pour aller en Turquie et combattre en escadre les infidèles maudits; elle fut placée sous les ordres de Mustapha-Bachali-Raïs et de Hadj-Abd-Allah, chef des troupes.

Que Dieu leur donne le salut pour compagnon de route !

Le 23 hidja 1236 (1820), est arrivée à Alger une frégate construite par les ordres de Mehemed-Ali, pacha d'Égypte et d'Alexandrie.

Hussein-Pacha a déclaré la guerre aux Espagnols; Hassan-Captan a fait une croisière et a ramené 13 prisonniers, 1239 (1823.)

NOTES.
Personnel d'un navire de guerre :

Officiers, Raïs, commandant du navire.
Bach-Raïs, second.
Raïs-el-Assa.
Yakandji, chargé du détail.
Ourdian.
Raïs-Etterik, capitaines de prise; chaque navire de guerre qui prenait la mer en embarquait plusieurs; ils ne faisaient aucun service à bord et leur mission était de prendre le commandement des prises.
Bach-Thobdji, chef des canonniers.
Khodja, cumulant les fonctions de secrétaire et d'aumônier.
Bach-Demamdji, chef de timonerie.
Maîtres ou matelots d'élite : Yarkandji, maître-voilier.
Garda-Kabou, gabier de hune.
Britadji, gabier de perroquet.
Demandji; timoniers.
Sandal-Raïs, patron de canot.
Mesteurdach, charpentiers.
Kalafat, calfat.
Amberdji, cambusier.
Kheznadji, chargé de la sainte-barbe.
Oukil-el-Hardj, espèce de commissaires chargés des vivres, ils étaient au nombre de trois : un pour la Kamera (état-major), un pour la Komania (équipage) et un pour les canonniers.

Les matelots étaient divisés en deux sections : Behari, matelots d'avant et Sotta-Raïs, matelots d'arrière.

Le quart se relevait de six heures en six heures à partir de minuit.

Les chefs de quart étaient le Bach-Raïs ayant en sous-ordre le Yakandji, et le Raïs-el-Assa ayant en sous-ordre le Ourdian.

Sur chaque navire il était embarqué un détachement de soldats commandés par un Agha, des Ouda-Bachi et des Oukil-el-Hardj. Ils avaient un cuisinier spécial et faisaient bande à part.

La paye des marins de tous grades était de 6 boudjou tous les deux mois, soit 10 fr. 80 cent. Des étrennes et des parts de prise proportionnelles étaient allouées à chaque grade.

§. 2. — *Mouvements de troupes.*

Chaque année il est formé des colonnes destinées à assurer la rentrée des impôts dans les outhan de l'est, de l'ouest et de Tittery; les tentes de ces colonnes renferment chacune dix-neuf hommes

qui reçoivent quatre livres de poudre, à 15 drihem (1) la livre et
4 livres de balles à 5 drihem la livre; ce qui forme un total de 80
drihem (20 *centimes*) par homme ; cette somme est retenue sur la
solde des troupes et versée au trésor.

Consigné ici afin que l'on ne s'en écarte.

D'après les règlements en vigueur à Alger, les troupes formant
les garnisons des diverses villes ou forteresses sont changées de
résidence toutes les années. Lorsque le changement annuel a été
ordonné les hommes des nouvelles garnisons reçoivent chacun du
Beylik trois livres de poudre et trois livres de balles; le prix de
la poudre est fixé à 15 drihem, ce qui forme un total de 60 drihem
(15 centimes) par homme. Cette somme est prélevée sur la solde
et versée au trésor.

Chaque tente renferme 19 personnes.

Il est donc délivré pour chaque tente :

57 livres de poudre.

57 livres de balles.

Ont été désignés cinq-cents cavaliers du Bey d'Oran pour faire
partie de l'expédition placée sous les ordres de Sid-Omar-Agha et
destinée à aller bloquer Tunis. Leurs chefs sont : Kadour-ben-Ismaël,
Kadour-ben-Cherif, Kadour-ben-el-Mzori-et-el-Merseli, ancien caïd-
ezzemala. Ce corps a été rassemblé par les ordres du Khalifa Korsi,
Sid-Mustapha-el-Aïali, commandant actuel des troupes.

Écrit le 10 ramdan 1228 (1813).

Il est désigné toutes les semaines deux soldats pour veiller à la
porte du Palais et deux soldats pour veiller à la porte de la Casbah,
ils sont pris dans les hommes formant la garnison de ces deux édifices
et reçoivent le samedi un rial *(60 centimes)* chacun sur les fonds
du gouvernement.

Il est fourni mensuellement à chaque tente de la colonne de l'est,
5 quintaux de biscuits; 8 mesures de blé; trois jarres de beurre;
deux jarres d'huile; les lundi et jeudi il est délivré à chaque tente
une moitié de mouton; le Bach-Belouk-Bachi reçoit tous les mois un
quintal de biscuits ; et une jarre de beurre les quatre Oud-Bachi
reçoivent tous les mois un quintal de biscuits et une jarre de beurre;
l'Agha reçoit tous les jours une jarre de beurre et un mouton ; le
Kikhia reçoit tous les jours un demi-mouton et une demi-jarre de
beurre; le chaouch reçoit mensuellement une jarre de beurre, un
quintal de biscuits et deux mesures de blé ; le porte-drapeau
reçoit mensuellement un quintal de biscuits, deux mesures de blé
et une jarre de beurre.

Tels sont les règlements au sujet des soldats fournis par les
zouawa pour faire partie de la colonne de l'est.

Les domestiques des colonnes victorieuses touchent, d'après les
règlements et les usages, un salaire de 5 ziani qui est fourni par
les Caïd des outhan de Beni-Djaad, Beni-Moussa, Beni-Khelil,
Moussaïa et Khechéna. Ces outhan contribuent pour égale portion
et les Caïd versent le montant de cette contribution dans la caisse
du Palais.

Consigné ici afin que l'on ne s'en écarte.

---

(1) Vingt drihem formaient un sou; 15 drihem formaient un kherouba et
30 drihem un mouzouna, 8 mouzouna formaient un rial-draham-seghar ou
pataque-chique valant 60 centimes.

Les colonnes en tournée reçoivent pour chaque tente 8 mesures de blé, dont le prix est fixé à 5 saïma et les colonnes expéditionnaires reçoivent pour chaque sefra 16 mesures de blé, dont le montant est fixé à 10 saïma.

D'après les anciens règlements il est délivré à chaque tente des colonnes en tournée et des colonnes expéditionnaires 25 livres de riz, dont le prix fixé à 7 drihem par livre, est versé par elle au trésor.

D'après l'ancien usage il est délivré à chaque tente des colonnes en tournée et des colonnes expéditionnaires trois Rebaïa *(petite mesure)* de sel, dont le prix est fixé à 15 drihem.

Chaque tente de la colonne de tournée de l'est a droit à une mesure d'huile ; il est délivré une jarre de beurre pour deux tentes.

Les corps de zouawa faisant partie des colonnes de tournée de l'est, de l'ouest et de Tittery, reçoivent d'après les anciens règlements, quatre-cents livres de poudre et quatre-cents livres de balles, dont les prix sont fixés ainsi qu'il suit : la poudre, 15 drihem la livre et les balles 5 drihem la livre, ces prix sont retenus sur leur solde et versés au Palais.
Consigné ici afin que l'on ne s'en écarte.

Les corps de troupes fournis par les zouawa et faisant partie des colonnes expéditionnaires destinées à aller combattre l'ennemi, reçoivent du palais, pendant toute la durée de leur service, la solde suivante : les turcs, deux ziani; et les autres, un ziani.

L'agha, le kikhia et le chaouch des colonnes de l'est, de l'ouest et de Tittery, ont des chevaux du gouvernement, non à titre de faveur, mais en vertu d'un ancien usage ; leur oudjak paye pour loyer de ces chevaux un drihem par étape. Consigné ici afin que l'on ne s'en écarte.
L'usage ci-dessus a été aboli.

Les gardiens des magasins à poudre reçoivent quatre pains par jour et une mesure et 1/4 d'huile par mois.

Pains distribués journellement aux Aghas, aux gardiens *(Kobdji)* et au canonnier en chef *(Bach-Thodji)* de 5 forts.
Agha du fort Hassan-Pacha, 4; Agha du fort Mohamed-Pacha, 4; Agha du fort du Drapeau, 4; Gardien du fort du Fanal, 4; Gardien du fort Sardina, 4; Gardien de l'ancienne caserne de janissaires, 4; Bach-Thodji du fort du Fanal, 8; Bach-Thobdji du fort de la Douane, à Bab-el-Mersa 4; Bach-Thobdji du fort de Bab-el-Behar, 4; Agha du fort Sidi-Ramdan, 4; Agha du fort Hadj-Ali, 4; Gardien de la nouvelle caserne de janissaires, 4 ; Bach-Thodji de Bordj Sardina, 4; Bach-Thodji du fort Baba-Hassan, 4; 1127 (1715).

Chaque canonnier voyageant sur un bâtiment reçoit un rial *(60 centimes)*.

Nombre des sefra des garnisons du territoire d'Alger.
Garnison de Collo, 2; supprimée; Zemoura, 2; Mostaganem, 5 ; Oran, 10; Constantine, 5; Bône, 5; Biskara, 5; Bougie, 5, Tebessa; 2; Tlemcen, 5; Djidjelli, 2 ; Vieux Hamza, 1; Tementefous, 1;

Kaf-Erredjala, 2; Beni-Djenat, 1; Fort du Fanal *(phare)* 1; fort Ali-Pacha, 1; Mers-Eddeban *(Pointe-Pescade)*, 1; Mascara, 3; Casbah, 3; Palais, 2; en tout 59; 1128 (1813).

Nombre des tentes de la colonne de l'ouest.

Corps du Khelifa,	30 tentes.
Corps des Flittas,	10 —
Corps du Bey,	30 —
Corps du Djeudal,	10 —
	80

Nombre des tentes de la colonne de l'est.

Corps du Khelifa,	20 tentes
Corps du Bey,	20 —
Corps de Bougie,	20 —
	60

Désignation des sefra de la garnison du palais.

1re Sefra, Agha, 1; Oud-Bachi, 1; Oukil-el-Hardj, 1; soldats, 16; total 19.

2e Sefra, Khodja de la garnison, 1; Oud-Bachi, 1; Oukil-el-Hadj, 1; Soldats 15; total 18.

Sefra de la garnison de la Casbah.

1re Sefra, Agha 1; Oud-Bachi, 1; Oukil-el-Hardj, 1; soldats, 11; cuisinier, 1; total 19.

2e Sefra; Kikhia 1; Oud-Bachi, 1; Oukil-el-Hardj, 1; soldats, 16; cuisinier, 1; total 20.

3e Sefra; Oud-Bachi, 1; Oukil-el-Hardj, 1 soldats, 16; cuisinier, 1; Bach-Thodji, 1; total 20.

La garnison du Palais et celle de la Casbah, reçoivent à l'occasion du Ramdan, 100 boudjoux pour prix du riz.

Les Agha des troupes ne restent en fonctions que pendant deux mois; à l'expiration de ce terme ils sont remplacés par les Kikhia qui ont eux-mêmes pour successeurs leur adjoint.

Le dimanche, dixième jour de chaoual 1240 (1824), Yahia-Agha est parti avec un corps d'armée pour châtier les Beni-Djenad qui se sont révoltés. Puisse Dieu le rendre victorieux.

Le 13 chaoual 1228 (1813), Amed-Khodja, a été envoyé à Oran avec un corps d'armée et une corvette, un brig et une canonnière pour réprimer les actes d'hostilités qui avaient éclaté sur ce point.

Le contingent des Zouawa, forme quarante tentes et est envoyé dans les outhan de l'est; les soldats turcs touchent deux ziani par mois et les zouawa un ziani par mois; le Bey de l'est fournit à chaque tente un quintal de biscuits.

Tel est le règlement relatif au contingent des zouawa.

Notes relatives au mouvement de troupes.

(J'aurais pu multiplier les citations de cette nature, mais comme elles ne sont pas d'un grand intérêt, je n'en donne que quelques unes à titre de spécimen.)

Les colonnes de tournée et les garnisons sont parties d'Alger en safar 1225 (1810).

La colonne de l'ouest est partie le 20 rabia-l'ouel 1225.

La colonne victorieuse de l'est est partie le 14 rabia-ettani, 7 mai 1225.

La colonne victorieuse de Tittery est partie le 23 rabia-ettani, 16 mai 1225.

La colonne de Tittery est rentrée le 18 redjeb 1225.

La colonne de l'est est rentrée dans le milieu de chaoual 1225.

La colonne de l'ouest est rentrée à la fin du mois de redjeb 1225.

Le Khelifa du Bey de l'ouest est entré à Alger, le 23 chaoual, 17 mai 1225.

Le Khelifa du Bey de l'est est arrivé à Alger, le 14 rabia-ettani, 17 mai 1225.

Le Khelifa du Bey de Tittery est arrivé à Alger, le 23 rabi-ettani, 6 mai 1225.

Naâman, Bey de Constantine est arrivé à Alger, le 15 chaoual, 16 mai 1227 (1812).

Ismaël, Bey de Tittery est entré à Alger, le 25 chaoual 1227.

Mohamed, Bey de l'ouest est entré à Alger, le 3 octobre 1827.

(Ces arrivées avaient lieu deux fois par an, à l'époque de la sortie des colonnes.)

Il est délivré chaque semaine par les soins de l'écrivain du Fondouk-el-Djeld d'Alger, aux garnisons du Palais et de la Casbah, à l'Agha de Dar-Serkadji et aux jeunes turcs *(Kara-Koulkdjia)* de la viande de mouton dans la proportion suivante :

Un mouton et demi pour chacune des sefra des deux garnisons;

Un mouton par jour à l'Agha;

Un quart de mouton par jour aux jeunes turcs.

Provisions de bouche employées pour la table du Palais à l'occasion de la fête illustre.

Premier jour :

12 Moutons ; une jarre de beurre; 10 livres de miel; 50 livres de raisins secs; un quintal de riz; 20 livres d'amidon; 12 livres d'amandes ; une mesure de pois; 100 poules ; 50 œufs; 12 charges de bois ; 2 charges de charbon ; 4 mesures de semoule ; 2 onces de safran ; 4 onces de poivre ; une mesure de vinaigre ; 150 plats et assiettes en faïence ; 10 cruches destinées à être remplies d'eau; 10 petites cruches pour le même usage; 45 livres de sucre; légumes.

Deuxième jour :

10 Moutons ; 20 livres de beurre ; 14 livres d'amidon ; 8 livres d'amandes ; un quintal de riz ; 30 poules ; 4 mesures *(saâ)* de semoule ; 2 onces de safran ; 4 onces de poivre ; 10 charges de bois ; 2 charges de charbon ; 45 livres de sucre ; légumes.

Contrôles des soldats composant la milice d'Alger (1).

Année 1245 (1829).

	Sefra.		Hommes.	
Nouba, garnison de Zemoura,	1 1	} 2	14 14	} 28
Nouba de Mostaganem,	1 1 1 1 1	} 5	14 16 16 15 17	} 78
Nouba d'Oran ,	1 1 1 1 1 1 1 1 1 1	} 10	15 14 16 16 16 16 15 16 16 16	} 156
	17		262	
Nouba de Constantine,	1 1 1 1 1	} 5	13 16 15 14 15	} 73
Nouba de Bône ,	1 1 1 1 1	} 5	14 14 14 14 15	} 74
Nouba de Biskara ,	1 1 1 1	} 4	15 16 16 15	} 62
Nouba de Bougie ,	1 1 1	} 3	15 15 14	} 44
A reporter	34		512	

(1) Ces contrôles donnent le nom de chaque soldat et le n° de son oudjak; ces renseignements auraient considérablement augmenté le volume de ma traduction et j'ai cru devoir les supprimer, je me suis contenté d'analyser chaque kheba ou sefra.

	Sefra.		Hommes.	
Report	34		512	
Nouba de Tebassa,	1 / 1	2	15 / 14	29
Nouba de Tlemsan,	1 / 1 / 1 / 1 / 1	5	13 / 16 / 15 / 16 / 16	76
Nouba de Mascara,	1 / 1 / 1	3	13 / 14 / 15	42
Nouba de Ddidjelli,	1 / 1	2	14 / 15	29
Nouba de Hamza,	1	1	15	15
Nouba de Kechtoula,	1 / 1 / 1 / 1	4	15 / 16 / 16 / 15	62
Nouba de Tamenfous (O.-Matifoux),	1	1	15	15
Nouba de Kahef-Ezzedjala,	1 / 1	2	14 / 15	29
Nouba de Benidjenet,	1 / 1	2	15 / 15	30
Nouba du Phare,	1	1	15	15
Id. du fort Hadjali-Pacha, au môle,	1	1	15	15
Id de Merseddeban (Pointe-Pescade),	1	1	15	15
	59		884	

Hommes sans destination.   580

Colonne de Tittery.

Tentes.		Hommes.	
De 14 hommes	8	112	
De 13 Id.	3	39	
De 11 Id.	4	44	
	15	195	195

Colonne de l'Est.

De 14 Id.	60	840	
De 13 Id.	16	208	
De 11 Id.	4	44	
	80	1,092	1,092

Colonne de l'Ouest.

De 15 Id.	1	15	
De 14 Id.	40	560	
De 13 Id.	15	195	
De 11 Id.	4	44	
	60	814	814

A reporter   3,565

Nota. — A ce chiffre il faut ajouter les garnisons du Palais et de la Casbah.

Ce renseignement se trouve dans un autre document.

Garnison du Palais.

1re Table *(sefra)*,	19 Hommes.	
2e Id.	18 Id.	
	37	

Garnison de la Casbah.

1re Sefra	19 Hommes.	
2e Id.	20 Id.	
3e Id.	20 Id.	
	59	3,661

.... 96

(Ne sont pas compris dans cette nomenclature, les Belouk-Bachi, et autres fonctionnaires ou agents attachés aux colonnes ou aux nouba).

L'Agha étant sorti pour combattre les kabyles de la tribu des Beni-Abbas, les attaqua le 20 hidja 1239 (1823), leur brûla douze habitations *(dechera)*, coupa sept têtes et fit seize prisonniers qui furent conduits à Alger et employés aux travaux des carrières de pierres sises hors Bab-el-Oued. 2 Moharem 1240 (1824).

Yahia-Agha est allé châtier les kabyles des environs de la ville de Bougie; il leur a brûlé trente habitations *(dechera)* a coupé six têtes et a fait vingt-sept prisonniers qui ont été conduits à Alger et employés à casser des pierres dans les carrières sises hors Bab-el-Oued; trente femmes furent également liées et placées dans la maison du Scheikh-el-Blad. Hassan-Pacha daigna ensuite accepter la soumission qui fut faite et pardonner la révolte et fit mettre les prisonniers en liberté.

21 Redjeb 1240 (1824).

CHAPITRE 3.

Étrennes et cadeaux.

A chaque fête les employés du Palais, tels qu'Oukela-el-Hardj-Saïdji et Kheznadji reçoivent une étrenne de 4 rial (2 fr. 40 cent.).

Les Secrétaires du Conseil reçoivent dans le mois de chaâban, une étrenne de 2 rial (1 fr. 20 cent.), ainsi que c'est l'ancien usage.

D'après les anciens règlements chaque Yaya-Bachi reçoit du Palais, le jour de sa nomination, une étrenne de 160 saïma.

D'après les anciens règlements le Bach-Sellakdji reçoit le jour de sa nomination, une étrenne de 84 saïma.

D'après les anciens règlements le Bach-Chaouch des troupes reçoit du Palais, le jour de sa nomination, une étrenne de 160 saïma.

Conformément aux anciens règlements, lorsque le chaouch d'une colonne rentre, il reçoit une étrenne de 10 rial (6 fr.).

Lorsque le cuisinier en chef est nommé Belouk-Bachi, il est payé par le Palais à l'Amin des tailleurs, 32 rial (19 fr. 20 cent.), pour prix du vêtement.

Étrennes de l'écrivain du Palais appelé Khodjat-er-Rakamdji, Écrit en 1224 (1809).

A l'Aïd-el-Kebir, il touche :

Du Pacha, 100 rial (60 fr.) ; de l'Agha des troupes, 50 rial (30 fr.); de l'écrivain du magasin aux grains, 25 rial (15 fr.) ; de l'Agha des arabes, 2 moutons ; de chacun des cinq Caïds, 50 rial, 2 moutons, 2 plats de gâteaux appelés makrout, 2 cruches de limonade, 6 poules, 50 œufs ; du Khodjet-el-Djeld, un mouton ; du Schiekh-el-Blad, un mouton ; du Mahtesseb, un mouton ; de l'Amin des gens de Djidjelli, un mouton ; de l'Amin des Beni-Mezab, un mouton ; du Ourdian-Bachi, un mouton ; du Caïd-Sebaou, un mouton ; du Mezouar, 2 moutons ; du Caïd des nègres, un mouton ; du Caïd des Aziz, 4 moutons ; de l'Agha des arabes, 2 cruches de limonade ; du Khodja des grains, une cruche de limonade et du Pacha, 2 cruches de limonade.

A l'Aïd-Esseghir il reçoit la moitié des étrennes ci-dessus, avec les modifications suivantes.

6 Poules, 50 œufs ; du Pacha, 100 rial ; des Caïds, 2 moutons. Chaque année, le Caïd de Sebaou lui envoie quatre jarres d'huile.

Étrennes touchées par le Khelifa du Bey de l'Est, le 3e jour aprs la rentrée de l'expédition :

Au Palais, 125 rial (115 fr.) et chez lui, 100 rial (60 fr.); un burnous neuf; une outre de beurre; une outre de couscous; 2 régimes de dattes; une mule valant 100 mahboub (405 fr.), 15 moutons, un grand haïk de biskri; une fiole d'essence de rose ; un ballot de dattes.

Étrennes du Khelifa du Bey de l'Ouest, 36 boudjoux (64 fr. 80 cent.), 15 moutons, une cruche de miel, une paire de bas en soie, une paire de souliers, 2 jarres de beurre.

Trois jours après il touche encore 125 rial (115 fr.); il reçoit chez lui 50 boudjoux (90 fr.).

Actuellement la somme envoyée chez lui est fixée à 80 douros en argent.

18 choual 1226 (1811).

Lorsqu'un cuisinier devient cuisinier en chef *(Attchi-Bachi)* l'Amin des tailleurs lui délivre le vêtement indiquant sa nouvelle dignité et se fait remettre sur les fonds du trésor le montant de cette fourniture, fixé à 32 rial (19 fr. 20 cent).

Tel est le règlement qui doit être suivi et qui a été consigné ici afin que l'on ne s'en écarte.

Provisions de bouche délivrées à titre d'étrenne au Attchi-Bachi pendant le mois de ramdan :

25 Livres de beurre ; un quart de mouton par jour ; un quintal de riz ; un quintal de bougies ; deux mesures d'huile ; 25 draham seghar (13 fr.) par jour et sept pains par jour.

Lors de la fête El-Fethar qui clôt le jeûne *(Ramdan)*, le Bach-Chaouch des troupes reçoit sur les fonds du Palais une étrenne de 60 boudjoux (108 fr.).

A l'occasion des fêtes d'El-Fethar et de Hidja, le Pacha fait distribuer à chacune des garnisons de la Casbah et du Palais, vingt-deux cruches de limonade valant chacune 3 rial et 70 drihem.

Tel est le règlement.

Le jour de la fête illustre *(naissance du Prophète)*, d'après les règlements en vigueur, l'Agha des troupes touche sur les fonds du Palais une étrenne de 400 saïma ; il reçoit les membres du Conseil et revet le caftan.

Tel est le règlement et il a été consigné ici pour être observé.

Le jour de la fête illustre, d'après les usages et règlements, le Khikhia touche sur les fonds du Palais une étrenne de 200 saïma.

Les collecteurs et les magasiniers attachés aux colonnes de tournée de l'Est, de l'Ouest et de Tittery, reçoivent du Palais les étrennes suivantes :

Ceux de l'Est,   30 rial (9 fr.).
Ceux de l'Ouest,   30 rial id.
Ceux de Tittery,   28 rial (7 fr. 80 cent.).

Consigné ici afin que l'on ne s'en écarte.

Les Aza, Kikhia et Bach-Belouk-Bachi des colonnes chargées de faire rentrer les impôts dans les outhan de l'Est, de l'Ouest et de Tittery, reçoivent du Trésor et d'après les règlements établis, les étrennes suivantes :

Colonne de l'Est. — Agha, 400 saïma ; Kikhia, 300 saïma ; Bach-Belouk-Bachi, 200 saïma.

Aly-Pacha a supprimé ces étrennes.

Colonne de l'Ouest. — Agha, 400 saïma ; Kikhia, 300 saïma ; Bach-Belouk-Bachi, 200 saïma.

Aly-Pacha a supprimé ces étrennes.

Colonne de Tittery. — Agha, 400 saïma ; Kikhia, 300 ; Belouk-Bachi, 200.

Aly-Pacha a supprimé ces étrennes.

De plus l'Agha de la garnison de Zemoura touche 25 rial et le cuisinier en chef reçoit 23 rial pour prix du caftan.

Le Scheikh de Kechtoula reçoit du Palais les étrennes suivantes, lorsqu'il revêt le caftan :

1 pavillon, une paire de babouches, 1 cheval, une selle, 1 turban, 1 haïk, 1 fer d'éperon, une paire de guêtres.

Désignation de ce qui est donné au Scheikh d'Ourgla en échange des esclaves dont il fait cadeau :

20 vêtements, appelés guenader rouges, du prix de 40 boudjoux (72 fr.) ; 20 guenader bleus, du prix de 40 boudjoux ; 25 drapeaux en soie, 20 boudjoux (36 fr.) ; 20 drapeaux en laine, 20 boudjoux ; 2 voiles pour turban.

Écrit en 1201 (1787).

Le Yaya-Bachi reçoit, lors de sa nomination, une étrenne de 3 sultani d'or (21 fr. 60 c.).

Le Bach-Chaouch des troupes reçoit, lors de sa nomination, une étrenne de 24 rial et demi (14 fr. 70 c.).

Les Scheikh des arabes de l'Outhan des Aziz, reçoivent les étrennes suivantes :

3 vêtements de soie légère ; 2 voiles pour turban en soie ; 2 paires de babouches.

Hassaïn-Pacha donne à la garnison du Palais 1,000 boudjoux (1800 fr.) à l'occasion des fêtes.

Il donne à la garnison de la Casbah pareille somme de 1.000 boudjoux à l'occasion des fêtes. — 1211 (1796).

L'étrenne du Bach-Zernadji (musicien en chef), à chaque Mouloud (naissance du Prophète), est de 10 boudjoux ; l'étrenne du
Bach-Thobal, à l'occasion de chaque Mouloud, est de 9 boudjoux ;
l'étrenne des musiciens, à chaque fête, s'élève à 45 sultani ; l'étrenne du Bach-Bombadji (bombardier en chef) est, à chaque fête, de
45 sultanis ; les Tholba reçoivent tous les deux mois 102 mahboub,
les pauvres de la Grande-Mosquée reçoivent, à l'occasion du Ramdan, une aumône de 125 mahboub. Hassaïn Pacha à fixé cette somme à 100 sultans (540 fr.) ; chaque homme de la garnison du Palais
et de la garnison de la Casbah reçoit, lorsqu'il a terminé son année de résidence, un sultani en or (5 fr. 40 c.) pour prix d'un mouton. Lorsque le Pacha revêt le caftan, à l'occasion des fêtes, les
étrennes qu'il distribue s'élèvent à 388 dinars, soit 4000 rial (2,400 f.).
Au moment de leur installation, les garnisons reçoivent chacune
1,000 boudjoux (1800 fr.). Écrit en 1234 (1818). Les musiciens touchent la troisième nuit des fêtes une étrenne de 100 douros en argent. Le Chaouch des Arabes reçoit, à l'occasion de chaque fête,
deux dinars en or.

La garnison de Gigelly reçoit annuellement du Bey de l'Est, la
somme de 1,236 boudjoux à titre d'étrenne (2224 fr. 80 c.).

A l'occasion de chaque fête, le chef des Juifs fait les étrennes
suivantes : un plat de gateaux ; des poules ; des œufs ; un panier
d'épices ; du poisson et deux fioles de fleur d'oranger.

Le secrétaire, appelé Khodjet-Errekamdji, est tenu, à chaque
fête, de faire les étrennes suivantes :
Aux employés subalternes, 7 rial (4 fr. 20 c.) ; aux lutteurs, 5 rial
(3 fr.) ; à l'esclave domestique de sa table, 1 rial (60 c.) ; au chrétien
cafetier, 1 rial (60 c.).

Cadeaux.

Cadeaux envoyés à Constantinople dans les premiers jours du
mois de châaban 1104 (1693).
Dix esclaves nègres, bien vêtus, dont un est né à Alger, et un
autre dans l'Est ; cinq négresses esclaves, bien vêtues ; 26 haïk
(couverture) rouges avec une bordure en or et une frange en soie ;
chacun de ces haïk a 14 coudées de longueur sur trois coudées de lar-
geur ; huit fusils de luxe, 45 ceintures soie et or ; dix haïk blancs et
légers, faits par les nègres ; 25 chapelets en corail et quatre perroquets.
Ont été désignés pour porter les cadeaux, les honorables :
Ahmed-Yayabachi, Hadj-Chaâban-Belouk-Bachi et Koutchouk-
Mohamed-Oud-Bachi ; leurs chefs sont Ismaël et El-Hadj-Mohamed ;
il a été remis à ces envoyés, sur la caisse du Gouvernement et à
titre de subsides, une somme de 500 rial.
NOTA. — En 1104, Hadj-Chaâban était dey d'Alger.

Cadeaux envoyés par Mohamed-Dey, à Constantinople, et confiés
à Ahmed-Khodja, pour le sublime Sultan.
40 Tapis du Sahra, 15 couvertures en drap, 10 fusils, 10 gibernes, 10 ceinturons, 10 paires de pistolets, 10 poudrières en or et
en argent ; 50 ceintures en soie ; 150 bourses à tabac, soie et or ;
20 haïk rouges ; 27 haïk *(ourgli)* rouges ; 33 haïk ourgli blancs ; 75
chapelets en corail ; un chapelet en ivoire pour le Sultan ; un

chapelet en ambre pour le Sultan ; 20 douzaines de calottes de Tunis ; 36 haïk teints ; 10 haïk légers pour femmes ; 50 mécréants esclaves ; une montre enrichie ; une bague avec diamant; 2 nègres eunuques.

Somme remise, 7140 sultanis (38,572 fr. 20 cent.).

Le bâtiment destiné à transporter ces étrennes a été loué 7725 rial-pataque (4,733 fr.); son capitaine a perçu sur cette somme 1274 pataques , le 2 choual 1179.

Il a ensuite reçu le complément de cette somme.

18 Choual 1180 (1767).

Sous le règne d'Ali-Pacha, le Hadj-Mohamed, Oukil-el-Hardj, a été chargé d'offrir au Grand Sultan les cadeaux suivants, et cela en 1171 (1758).

32 tapis du Sud ; 25 haïk ourgli rouges ; 30 haïk ourgli blancs ; 44 haïk rouges de Tlemsan ; 80 ceintures de soie et or ; 12 couvertures de drap ; 2 chapelets en ambre ; 16 ceintures de dessous ; 71 chapelets en corail ; 10 fusils de luxe ; 10 bandoulières de fusils ouvragées ; 8 poudrières de luxe ; 8 pistolets de luxe ; 30 jennes esclaves nègres et 50 esclaves chrétiens.

Ali-Pacha a envoyé par Hadj-Mohamed, Oukil-el-Hardj, les cadeaux suivants, au Grand Sultan.

16 choual 1175 (1761).

63 Haïk avec franges ; 34 tapis du Sud ; 21 couvertures ; 10 ceinturons ; 10 gibernes, 10 fusils de luxe ; 10 paires de pistolets ; 18 ceintures en soie ; 5 burnous en soie ; 10 haïk légers de l'Ouest ; 2 chapelets en ambre ; 50 bourses à tabac ; 26 haïk rouges de Tlemsan; 20 haïk rouges ourgli ; 40 haïk blancs ourgli ; 58 chapelets en corail; 60 esclaves mécréants ; 10 ceintures de dessous ; somme remise pour le voyage, 5000 sultanis d'or.

Sous le règne de Mohamed-Pacha, le Sid-Hassan, Oukil-el-Hardj à la marine , fut chargé de porter des cadeaux à Constantinople.

6 Choual 1189 (1775).

52 Ceintures en soie ; 60 chapelets en corail ; un chapelet en ivoire ; 2 chapelets en ambre ; 22 couvertures en drap ; 10 ceinturons ; 10 pistolets ; 10 fusils ; 10 poudrières ; 10 gibernes ; 10 montres ; une bague pour le Sultan ; 60 haïk à franges de soie ; 30 haïk rouges de Biskara ; 30 haïk de Biskara ; 10 haïk légers pour femmes, fabriqués au Maroc ; 50 haïk rouges ; 60 tapis du Sud ; 15 lions ; 10 négresses ; 16 nègres ; 70 esclaves chrétiens.

Mohamed-Pacha, a remis sur sa caisse particulière 16,000 mahboub d'or (64,800 fr.) et 2000 dinars d'or (10,800 fr.), pour être affectés à des achats de bronze.

Sous le règne de Mohamed-Pacha, est arrivé à Alger Ahmed-Khodja, apportant de Constantinople le caftan et les cadeaux dont le détail suit ; 7 redjeb 1107 (1696).

3 Canons en cuivre du calibre de 22 ; 3 canons en cuivre du calibre de 12 ; 1000 quintaux de poudre ; 2000 livres de soufre ; 200 planches.

Est arrivé le 15 redjeb 1180 (1766), un bâtiment hollandais apportant des cadeaux de Contantinople , savoir :

2 mortiers du calibre de 200 ; 2 mortiers du calibre de 100 ; 2 canons en cuivre du calibre de 32 ; 2 canons en cuivre du calibre de 24 ; 19 grands mâts, 28 petits mâts ; 250 petits avirons, 250 barres de porte-faix ; 22 barres de gouvernail ; 60 roues de canons ; 200 grands avirons ; 1577 bombes ; 100 quintaux de colophane

Un navire français est arrivé le 25 choual 1180 (1766), apportant également des cadeaux, savoir :
10 Pièces de bois pour la construction d'affûts de mortiers ; 6 gouvernails ; 26 quilles de navires ; 193 grands avirons ; 3030 livres de fer ; 500 bombes ; 22 mâts ; 87 pièces de bois pour affûts ; 250 petits avirons ; 2000 dégorgeoirs ; 3715 livres de chanvre, en écheveaux ; 2540 livres de clous en fer ; 150 barils de colophane.

Le 25 choual 1180 est arrivé un bâtiment sarde apportant le complément des cadeaux envoyés de Constantinople, savoir :
45,670 livres de fer ; 7000 livres de clous en cuivre ; 17,880 livres d'étain ; 145 pièces de bois pour affût ; 3000 amorces ; 50 outres de poix.

Le Sultan de l'univers, notre seigneur, a daigné donner à l'Oudjak d'Alger, divers objets qui ont été reçus par El-Hadj-Mustapha-Khodja, 5 redjeb 1198 (1784), savoir :
500 Quintaux de cuivre ; 18 bâtons de foc ; 6 mâts ; 104 coussinets de canons ; 500 quintaux de fil-de-fer ; 200 quintaux de colophane ; 200 quintaux de poix ; 472 avirons ; 206 barres de porte-faix ; 538 quintaux de poudre.

Un bâtiment sarde a été affrété 6150 krouch pour transporter ces objets ; Hassan-Oukil-el-Hardj a payé cette somme le 6 redjeb 1198, il a également remboursé au Hadj-Mustapha-Khodja le montant de ce qu'il avait acheté pour Mohamed-Pacha, soit 1025 mahboub, 21 redjeb 1198.

Le Sultan du monde a daigné faire don à l'Oudjak d'Alger des objets ci-après et Selim-Agha les a reçus, 2 choual 1199 (1785).
450 Quintaux de poudre ; 300 quintaux de résine ; 200 crosses ; 17 bâtons de foc ; 50 avirons ; 50 quintaux de cuivre ; 20,000 boulets ; 10 canons.

Ces objets ont été apportés à Alger par Selim-Agha sur un navire sarde, affrété 7000 krouch, le 2 choual 1199.

Le Sid-Hassan-Oukil-el-Hardj a remis au capitaine dudit bâtinent la somme précitée, 13 choual 1199.

Il a été remis au capitaine de ce navire, et en sus de ladite somme, celle de 519 rial à titre de subside, 4 rabia 1199.

Sous le règne de Hassan-Pacha, des cadeaux furent envoyés à Constantinople par les soins d'Ali-Khodja, Oukil-el-Hardj à la marine, 6 redjeb 1206.
80 Haïk de Tlemsan ; 80 haïk de Biskara ; 80 haïk des Benis-Abbas ; 20 haïk ourgli rouges ; 25 haïk légers du Maroc ; 20 haïk légers ourgli ; 20 grands tapis du Sud ; 30 peaux de lion ; 60 ceintures, soie et or ; 160 sacs, soie et or ; 22 couvertures en drap broché ; 2 pavillons brodés en or ; une poudrière en or, enrichie ; 15 cartouchières avec leurs baudriers ; 30 ceintures de dessous ; 9 poudrières, avec des ornements en or ; 80 chapelets en corail ; 60 chapelets en ambre ; 9 bagues ; 13 montres ; 35 négresses du Soudan, sveltes ; 37 nègres ; un chapelet en ivoire ; 11 fusils ornés en corail ; 11 paires de pistolets avec des ornements en corail ; une paire de

pistolets montés en or et enrichis de perles fines, destinés au Sultan.

Un bâtiment français a été affreté moyennant 500 mahboub pour transporter ces cadeaux, 23 rabia 1206 (1791).

Sous le règne de Mustapha-Pacha, le Hadj-Youssef, Oukil-el-Hardj de la marine, est arrivé de Constantinople apportant les cadeaux ci-après, 29 choual 1215 (1800).

50 Canons en cuivre; 6 mortiers; 40 bâtons de foc; 1000 avirons de chebek, 1000 avirons d'embarcation; 1000 poutrelles; 40 gouvernails; 1000 grands avirons; 60 barres de gouvernail; 1500 quintaux de poudre; 200 quintaux de plomb; 12000 obus; 30 quintaux de tabac; 1500 quintaux de colophane; 500 quintaux de goudron; 500 quintaux de salpêtre, 1000 affûts de canon; 1500 quintaux de fil-de-fer; 13,000 boulets.

Le Hadj-Haffeth, Oukil du Bey de l'Est et Agha de Bechkach, est arrivé de Constantinople, apportant de magnifiques cadeaux pour la Régence victorieuse d'Alger, 13 rabia 1232 (1817).

Ces cadeaux ont été apportés par une frégate et deux corvettes, puissamment armées, que Dieu leur accorde toujours la victoire !

Cadeaux envoyés sur un navire anglais, par Hadj-Ali-Pacha au Sultan, 22 riada 1224, 17 décembre (1809).

21 Couvertures en drap; 100 haïk blancs; 100 chapelets en corail; 100 haïk de Tlemsan; 100 haïk des Ourtilan-Beni-Abbas; 100 chapelets en ambre; 100 haïk rouges; 70 haïk du Maroc; 200 bourses à tabac; 75 ceintures, soie et or; 15 bagues en or, montées en diamants; 16 montres en or, enrichies; 16 montres en or, sans sonnerie; 15 fusils ornés de corail; 15 paires de pistolets avec corail; un yataghan en or, enrichi de pierreries pour le Sultan; un yataghan en or, enrichi, plus petit que le précédent pour le ministre; un yataghan en or, enrichi, pour le Captan-Pacha; un cheval, avec selle enrichie, pour le Sultan; un cheval, avec selle brodée en or, pour le ministre; un cheval avec selle brodée en or, pour le Captan-Pacha; un magnifique habillement complet, enrichi, pour le Sultan; une paire de pistolets enrichis de pierres précieuses, pour le Sultan; 40 peaux de lion; 40 tapis du Sahra; 10 nègres; 30 petites nègresses; 10 perroquets (oiseaux); 12 poudières; 3 poudrières enrichies de diamant; 50 ceintures de dessous, de Tunis.

Canons envoyés en cadeau par le Roi d'Angleterre à Alger.

Sous le règne de Mohamed-Pacha, le Roi d'Angleterre a envoyé en cadeau, à la Régence d'Alger, 4 canons avec leur matériel.

Ces canons sont du calibre de 40 livres, leur matériel se compose des objets ci-après :

4 Affûts avec leurs roues et leurs essieux; 200 barils de poudre, cerclés en cuivre, renfermant chacun un demi-quintal; 400 boulets du calibre des canons; 8 refouloirs; 9 écouvillons; 4 étuis, renfermant les aiguilles et les vrilles destinées à dégorger la lumière des canons; 4 boute-feu; 4 poudrières pour amorce, avec leur dégorgeoir; 9 tampons; 8 mèches; 8 barils pour les mèches; 2 mesures en cuivre, contenant chacune 16 livres de poudre; 25 caisses renfermant chacune 4 sacs de mitraille, et une éponge pour chaque canon.

Tous ces objets sont détaillés sur la note annonçant l'envoi du cadeau; ils ont été apportés par une frégate anglaise, qui les a remis immédiatement. Écrit le 3 châaban 1201 (1797).

Le 12 redjeb 1230 (1815), est arrivée une corvette de guerre envoyée en cadeau par le Pacha de Tripoli à notre Régence victorieuse.

Le 15 choual 1227 (1812), Naâman-Bey de Constantine a envoyé les cadeaux suivants : 200 pièces d'or dites mahboub; 125 boudjoux; 2 burnous; 2 grands haïk de Biskara; 2 charges de dattes; 2 outres de couscous; 2 paniers d'olives; 15 moutons; une mule; une fiole d'essence; une douzaine de calottes.

Le 16 safar 1231 (1816), Yakoub-hen-Zahout, chef des juifs a fait les cadeaux suivants : 8 coudées de drap pour vêtement; 200 boudjoux pour une montre en or; une pièce de toile de hollande; 8 coudées de moire; 8 coudées de soie légère, brochée; une pièce de mousseline pour turban; 25 livres de café.

CHAPITRE 4e.
Droits et impôts.

D'après les anciens règlements et usages corroborés et complétés par les nouveaux, il est versé au trésor des impôts désignés sous le nom de bechmak ou prix de souliers. Consigné en moharem 1103 (1691).

Les colonnes partant en tournée pour les outhan de l'Est, de l'Ouest et de Tittery, paient cinq saïma par tente pour prix du Berghel *(blé bouilli)*; cette somme est versée au trésor.

Les colonnes expéditionnaires destinées à aller combattre les ennemis, sont dispensées du versement.

L'agha du fort de Constantine verse chaque année, au trésor, à Alger, un bechmak de 928 saïma.

Le Caïd d'Ourgla, verse chaque année au Palais, un bechmak de 928 saïma.

La garnison de Soumatha, dans l'outhan des Beni-Khelil, verse chaque année au Palais 125 saïma, pour prix du beurre; mais si le Beylik lui a confié des vieux chevaux à garder elle est dispensée de ce versement.

Le Schiekh-el-Blad d'Alger, verse au Palais, d'après l'usage en vigueur, un bechmak de 500 saïma.

Le chef des juifs, verse au Palais un bechmak de 300 saïma, dont il est même redevable pour l'année de sa destitution.

Le Scheikh de Kechtoula est tenu de verser annuellement au trésor, d'après l'usage en vigueur, un bechmak de 2000 saïma, qu'il prélève sur ses administrés.

La garnison de Soumatha, des Beni-Moussaïa, paie d'après le règlement en vigueur 250 saïma, pour prix du beurre.

D'après l'usage en vigueur de nos jours, l'Agha des Zouawa verse annuellement un bechmak de 2000 saïma.

L'Agha des canonniers arabes payait d'après les anciens règlements, un bechmak de 1000 saïma, mais de nos jours cette somme a été portée à 2000 saïma.

L'Agha des collecteurs arabes *(Djibadjia)*, payait d'après les anciens usages, un bechmak de 600 saïma et de nos jours cette somme a été portée à 2000 saïma.

Le Caïd de Médéah, verse annuellement au trésor un bechmak de 2000 saïma.

Le Caïd du Fondouk à l'huile, verse annuellement au trésor et d'après l'ancien usage un bechmak de 4,640 saïma.

D'après l'ancien usage l'amin des menuisiers, verse annuellement au trésor un bechmak de 200 saïma.

L'amin des teinturiers, verse un bechmak de 100 saïma.

L'outhan des Beni-Khelil, verse annuellement au trésor et d'après l'ancien usage un bechmak de 2000 saïma.

Le Caïd du charbon, verse annuellement au Palais et d'après ancien usage un bechmak de 300 saïma.

L'amin des tailleurs, verse annuellement au Palais et d'après l'ancien usage un bechmak de 500 siama.

L'amin des pécheurs, verse annuellement au Palais d'après l'ancien usage un bechmak de 400 saïma.

L'amin des forgerons, verse au trésor d'après l'ancien usage un bechmak de 500 saïma.

L'amin des parfumeurs, verse au trésor d'après l'ancien usage un bechmak de 500 saïma.

L'amin du marché des Kabyles, verse au trésor d'après l'ancien usage un bechmak de 500 saïma.

L'amin des armuriers, verse au trésor d'après l'ancien usage un bechmak de 100 saïma.

L'amin des tanneurs, verse au trésor d'après l'ancien usage un bechmak de 100 saïma.

Le chef des drapeaux, verse au Palais d'après l'ancien usage un bechmak de 100 saïma.

L'amin des brodeurs, verse au Palais d'après l'ancien usage un bechmak de 500 saïma.

L'amin des fabricants de foutha *(espèce de vétement)*, verse au trésor un bechmak de 100 saïma.

L'amin des potiers, verse au trésor d'après l'ancien usage un bechmak de 100 saïma.

L'amin des marchands de paille, verse au trésor d'après l'ancien usage un bechmak de 116 saïma.

L'amin des fabricants de calottes, verse au trésor d'après l'ancien usage un bechmak de 600 saïma.

L'amín des tisseurs de nattes, verse au trésor d'après l'ancien usage un bechmak de 100 saïma.

L'amin des barbiers, verse au trésor d'après l'ancien usage un bechmak de 400 saïma.

L'amin des gens de Djerba, verse au trésor d'après l'ancien usage un bechmak de 500 saïma.

Les porteurs du marché aux grains, versent au trésor et annuellement un bechmak de 1000 saïma.

Les juifs employés à la direction, de la monnaie versent au trésor et par l'intermédiaire de leur chef, un bechmak de 3000 saïma.

Le Caïd de Guenaoua, verse au trésor d'après l'ancien usage un bechmak de 100 saïma.

D'après l'ancien usage, l'Amin des Djerabas de la ville de Bône, envoie annuellement au Palais et par l'intermédiaire de l'Amin des Djerabas d'Alger, un bechmak de 100 saïma.

Le Mehtesseb d'Alger, verse annuellement d'après les anciens usages un bechmak de 1300 saïma ; il paie également et à d'autres titres 1500 saïma et 2000 saïma.

Bachmak de Kechtoula.

Lorsqu'un Schiekh est nommé et revet le caftan, il verse au trésor un bechmak de 1000 ou 1500 saïma et au conseil (diwan), un bechmak de 2,200 saïma.
En outre il donne aux soldats une étrenne de 630 saïma.

L'amin des jardiniers, verse au trésor lors de sa nomination un bechmak de 464 saïma.

L'amin des Kabyles faisant le commerce des grains, paie au Palais lors de sa nomination un bechmak de 200 saïma.

L'amin du fondouk El-Djaâloula, verse annuellement au trésor un bechmak de 300 saïma.

L'amin des gens de Djidjelli, paie au trésor lors de sa nomination un bechmak de 200 rial (120 fr.).

Les négociants de Bône, versent annuellement au trésor un bechmak de 200 rial (120 fr.).
Ce bechmak a été aboli en 1170 (1756).

Le Caïd de la banlieue, verse au trésor un bechmak de 100 saïma.

Le Mezouar, verse un bechmak de 2000 rial (1200 fr.).

Détail des esclaves nègres envoyés en cadeau chaque année par les Djemaâ (1) d'Ourgla, de Togourt et de Temassa.

Écrit le 20 safar 1205 (1790).
Nègres de Togourt 16 ; nègres de Temassa 4 ; nègres d'Ourgla, 25 ; en tout 45.

_____

(1) Assemblée des notables.

Ces populations furent soumises par le défunt Youssef-Pacha, qui alla les attaquer avec de l'artillerie et qui après les avoir vaincues, imposa chaque djemaâ de la manière qui vient d'être mentionnée; depuis cette époque les choses n'ont point changé et de nos jours il en est encore de même.

20 Safar 1205.

Le plomb provenant de captures est pris par le gouvernement pour son usage suivant l'ancienne coutume ; ce plomb est pesé au grand quintal (200 livres) ; sur chaque huit quintaux, un quintal revient de droit au Beylik, le surplus est payé par lui à raison de 10 saïma le quintal.

Sous le règne de Mohamed-Pacha, le prix du quintal a été fixé à 15 rial (9 fr.), 26 choual 1164 (1751).

Sous le règne d'Ali-Pacha ce prix a été élevé à 20 rial (12 fr), 23 choual 1169 (1759).

Les canons provenant des prises sont payés à raison de 5 boudjoux (9 fr.) le quintal, 1172 (1759).

Le fer est payé à raison de 5 boudjoux (9 fr.) le quintal, 1172 (1759).

Sous le règne de Mohamed-Pacha le prix du quintal a été fixé à 22 rial et 1/2 (13 fr. 50 c.),1194 (1781).

Si dans la cargaison d'un navire capturé, il se trouve des mâts, ils sont payés ainsi qu'il suit : un grand mât, 1000 saïma, un grand mât de perroquet 200 saïma et un petit mât de perroquet, 140 saïma.

Telle est la règle sous le règne de Mohamed-Pacha, 1162 (1749).

La poudre provenant de captures appartient au Beylik. qui en donne un prix de 55 saïma par quintal, car le commerce de la poudre est prohibé.

Consigné pour ce que de besoin et afin que l'on ne s'en écarte.

Sous le règne de Mohamed-Pacha, le prix du quintal a été fixé à 55 rial (33 fr.), 26 choual 1164 (1751).

Sous le règne d'Ali-Pacha ce prix a été également fixé à 55 rial, 23 choual 1169 (1756).

La cire provenant de captures est livrée au Beylik, qui en donne un prix de 55 saïma par quintal. Inscrit pour ce que de besoin et afin que l'on s'y conforme.

Sous le règne de Mohamed-Pacha le prix du quintal a été fixé à 55 rial (33 fr.), 26 choual 1164 (1751).

Sous le règne d'Ali-Pacha ce prix de 55 rial a été maintenu, 12 choual 1169 (1756).

Les peaux de bœufs provenant des captures sont livrées, suivant les règlements, au Beylik qui en donne les prix suivants :

Peaux de buffles, 1 ziani (1 fr. 57 c.); peaux de taureaux, 2 saïma; peaux de vaches, 1 saïma; petites peaux, 1; saïma la paire.

Sous le règne de Mohamed-Pacha les peaux furent partagées par moitié entre le Beylik et les captureurs.
Écrit en chouäl 1164 (1751).

Le sel provenant de captures esl livré au Beylik et mesuré à la grande mesure, il est prélevé, à titre de droit, sur chaque deux mesures un dixième de la quantité ; le surplus est payé à raison de trois saïma la mesure.
Inscrit pour ce que de besoin.
Mohamed-Pacha a fixé ce prix à 5 rial (3 fr.), 26 chouäl 1164 (1751).
Sous le règne d'Ali-Pacha ce prix a été élevé à 10 rial (6 fr.), 23 chouäl 1169 (1756).
Contrairement aux précédents usages, Mohamed-Pacha a autorisé le libre commerce du sel, 20 ramdan 1203 (1788).

Droits perçus sur chaque barrique de vin provenant de captures.
Cuisinier en chef., 2 rial 1/2 (1 fr. 50 c.), les deux écrivains appelés Mekatadjia, 1 rial (60 c.), le Caïd-el-Mersa, 2 rial, le Mezouar, 1 rial, le Ourdian-Bachi, 1 rial.

Les navires capturés peuvent être achetés par les négociants musulmans et par les chrétiens ; l'acquéreur se fait délivrer par les deux écrivains appelés Mekataâdji en chef et Mekataâdji en second, un écrit constatant son acquisition et paie pour cette formalité le droit suivant :
Si le navire est grand et a deux mâts, 50 boudjoux (90 fr.), si le navire est petit et n'a qu'un mât, 25 boudjoux (45 fr.).
Les écrivains se partagent ce salaire par moitié.

Désignation des portions de butin afférentes aux marabouts d'Alger.
Écrit le 4 rabia'ttani 1114 (1702).
Sidi-Abd-Errahman-el-Tsalbi, 2; Sidi-Ouali-Dada, 2; Sidi-Yakoub, 2; Sidi-Abou-Ennour, 2; Sidi-Mansour, 2; Sidi-Abd-el-Kader, 2.
Telles étaient les portions des marabouts connus, ensuite, sous notre règne ont été ajoutés les marabouts suivants :
Sidi-Omar-ettounessi, 2; Sidi-Ali-el-Fassi, 1; Sidi-Djamia, 2; Zaouiat-Errabtha, 1; Sidi-Mohamed-Echerif, 2; Sidi-Makhlouf, 2; Sidi-el-Mekhefi, à Foudek-el-Djeld, 1; Sidi-Abbas-ezzouawi, à Rahbet-el-Djeld, 1; Sidi-Hellal, 2; Sidi-el-Ouali, 1; Zaouiat-Youb, 1; Zaouiat-Abbas, 1; Sidi-Youssef-el-Kouach, 1; Sidi-Mohamed-ben-Madjedouba, 2; Sidi-Ahmed-ben-Youb, 1; Sidi-Ali-ben-Hassan, 1; Sidi-Saâdi, 2; Sidi-Meherez, 2; Sidi-Yahia-Eddjebar, 2; Sidi-Abd-el-Hak, 2; la dame Tessaâdite, 1; Sidi-Youssef-el-Cherib, 1; la dame Zerzoura, 1; Sidi-Ali-el-Halfaoui, 1; Sidi-Bou-Guedour, 1; Sidi-Mesbah, 1; Sidi-Ali-Ezzouawi, 1; Sidi-Ferredj, 2.

Ayant droit à deux portions 18, ayant droit à une portion 17, total 36.

L'écrivain des captures prélève sur le butin enlevé à l'ennemi la part des marabouts et celle des captifs à racheter ; ces prélèvements sont mis dans une caisse déposée au Palais et placée auprès du Khodja-Eddeftar ; dans cette caisse sont deux bourses : l'une contient la part des marabouts et l'autre la rançon des musulmans prisonniers à racheter ; cette rançon se divise dans la proportion

suivante : 4 mahboub, pour les capitaines et 2 mahboub, pour les autres captifs. La distribution de la part des marabouts a lieu chaque année, à l'anniversaire de la naissance du Prophête illustre et se fait sous la direction du Khodjet-el-Kebir ; cette portion est approximativement divisée en 60 parts. La clé de la caisse dont il est question est confiée au Khodjet-Errekamdji.
Consigné afin que l'on ne s'en écarte.

Tarif de ce qui est nécessaire aux chevaux du Beylik, en fait de longues cordes, de musettes, de licous et d'entraves. Ce prix ne pourra être dépassé.
Inscrit ici afin que l'on ne s'en écarte.
Chaque musette, 18 drihem ; entrave, 2 drihem ; longues cordes, 3 drihem ; licous, 15 drihem.
Les cordes de chanvre sont apportées de Blidah ; leur prix est celui-ci :

Cordes de chanvre,   35 drihem.
Cordes pour les cuisiniers, 4 drihem 1/2.
Cordes en sparterie,   30 rial.

Le Scheikh de Bouzeriah est obligé de fournir les broussailles nécessaires au carénage des bâtiments du gouvernement et les prix sont fixée ainsi qu'il suit :
Pour un grand bâtiment, 20 drihem ; pour les petits bâtiments, 15 drihem ; pour les barques, 12 drihem.
Inscrit pour ce que de besoin.

Les ouvriers qui fabriquent la poudre, sous la direction de l'amin, reçoivent du gouvernement, 7 rial 1/2 pour 120 livres de salpêtre ; l'amin reçoit 6 rial 1/2.
La fabrication de la poudre est réglée ainsi qu'il suit : dix quintaux de salpêtre doivent produire huit quintaux de poudre. Cette poudre est livrée au Beylik qui en fait parvenir le prix à l'amin.

Droit d'ancrage de bâtiments des commerce.
Tout bâtiment marchand, d'infidèles, venant à Alger, paie un droit d'ancrage de 15 rial (9 fr.), qui est versé au trésor et dont il est donné quittance légalement.
Telle est l'ancienne coutume, rappelée ici afin que l'on ne s'en écarte.

Tout bâtiment entrant dans notre port paie un droit d'ancrage fixé à 30 rial (18 fr.), 12 choual 1174 (1760).
Sous le règne fortuné d'Ali-Pacha il a été ajouté au droit d'ancrage un demi-sultani (2 fr. 70 c.), pour le fanal du port (Phare), 12 choual 1174.

Tout bâtiment marchand, ennemi, venant dans notre port, avec un sauf-conduit, paie un droit d'ancrage de 35 rial (18 fr. 60 c.), qui est versé au trésor et dont il est donné légalement quittance.
Inscrit afin que l'on ne s'en écarte.

Lorsqu'un bâtiment de guerre, ennemi vient à Alger, son commandant paie au patron de la barque de surveillance qui va à sa rencontre un droit de 5 boudjoux (9 fr.). Tel est l'ancien usage, modifié en ce que le droit est versé au trésor.
Inscrit ici pour ce que de besoin.

Le Caïd du port et ses agens ont un droit de 4 boudjoux (7 fr. 20 c.) appelé prix des souliers *(bechmak)*, sur tous les bâtiments qui arrivent, mais le décompte n'est fait qu'annuellement.
Inscrit pour ce que de besoin.

Les marchandises venant de Livourne, de France et de toutes les villes de commerce des infidèles paient les droits suivants d'après les anciens usages.
10 % au Beylik, 1 et 1/2 %, à l'amin ; 1 % à la porte de la marine.
Inscrit ici afin que l'on ne s'en écarte.

L'an mil deux cent vingt-six, dans le mois de redjeb (1811), le sublime Pacha, décréta que sous son règne fortuné les israélites ne pourraient continuer à exporter sur des navires de mécréants, des monnaies destinées par eux à être fondues, qu'à la condition de payer mensuellement et à titre d'étrenne une somme de cent boudjoux (180 fr.), à répartir, par moitié, entre la garnison du Palais et la garnison de la Casbah.
Il ne pourra être dérogé à cet ordre illustre, et il a été consigné ici pour qu'on en connaisse les dispositions.
Écrit en redjeb 1226 (1811).

Chaque année, à l'occasion du Ramdan illustre, les casernes de janissaires se font délivrer par l'amin El-Hassarin, toutes les nattes qui leur sont nécessaires pour leurs chambres et leurs vestibules ; le prix de ces objets, fixé à cent saïma, est remis aux fournisseurs.
Inscrit ici afin que l'on ne s'en écarte.

Chaque année, à l'occasion de la fête illustre, tous les ustensiles en cuivre du gouvernement, tels que plats, assiettes, chaudières, chaudrons, etc., et provenant du service du Pacha, du Palais, de la garnison de la Casbah, de la maison de l'Agha des troupes, et du cuisinier en chef du Pacha, sont remis par les soins des Oukil-el-Hardj à l'Amin des chaudronniers qui les fait réparer et entretenir en bon état.
Lorsque cette réparation est terminée, il reçoit les étrennes suivantes qu'il distribue aux travailleurs :
Pour les ustensiles du Pacha, 22 saïma ; pour ceux de la garnison du Palais, 22 saïma ; pour ceux de la maison de l'Agha, 22 saïma ; pour ceux du Palais, 22 saïma, pour ceux de la garnison de la Casbah, 22 saïma ; pour ceux de la suite du Pacha, 22 saïma.

L'argent arrivant sur des navires marchands et destiné à des juifs, à des prisonniers, ou formant des dépôts pour diverses personnes, est transporté au Palais où l'on acquitte un droit de douane de 3 rial par mille rial ; si ce droit n'est pas payé, les sommes demeurent séquestrées.
Tel est le règlement en vigueur et qui a été consigné ici afin que l'on ne s'en écarte.

Tout ce qui provient des pays ennemis, tels que l'Espagne, la Hollande, Gènes, Malte, et autres, sans en excepter la rançon des prisonniers et l'argent des négociants, paie au trésor un droit de 30 rial (30 fr.) par mille rial (600 fr).

Les navires de guerre algériens ou étrangers tels que tunisiens, tripolitains, égyptiens, paient 55 saïma pour chaque coup de canon qui a été tiré à leur intention sur un ordre du Palais.

Les tentes des troupes sont cousues par les maître-tailleurs sous la direction de leur Amin ; d'après les règlements, le prix de chaque tente est fixé à douze rial.
Consigné ici afin que l'on ne s'en écarte.

L'amin du riz perçoit chaque année, des Caïd et à titre d'impôt, 600 saïma ; 400 saïma sont versées par lui au trésor, et il conserve le surplus, soit 200 saïma, à titre d'étrennes et de salaire. Tel est l'impôt sur le riz.
Consigné ici pour servir ce que de droit.

Impôt sur le sel.

Le Beylik perçoit du débitant israélite, 9 saïma par kil. *(mesure)* : le sel est déposé dans un endroit désigné et en quantité connue ; il se vend par rabaïat *(petite mesure)* et le prix de chaque rabaïat est fixé à 15 drihem ; (1) tel est le règlement ; toutes les semaines l'Oukil-el-Hardj du sel reçoit un rial d'étrenne, le débitant israélite reçoit un rial ; quant aux ouvriers ils ont un salaire proportionnel ; le kil. renferme cent rabaïat.
Consigné ici afin que l'on ne s'en écarte.

Les souliers nécessaires aux prisonniers du Beylik sont obligatoirement fournis à raison de 2 saïma la paire.
Les souliers nécessaires aux troupes expéditionnaires et aux arabes qui les accompagnent sont fournis au Beylik à titre d'étrenne, moyennant un prix d'un demi rial la paire (30 cent.).

L'Amin des tanneurs est tenu de faire tanner les peaux du Beylik, destinées à la confection des tables pour les troupes expéditionnaires et les navires, et cela, aux prix suivants :
Peau de veau, 2 saïma ; peau de mouton, 25 drihem.

Les porteurs d'eau des colonnes victorieuses, se font délivrer par l'Amin des tanneurs, les outres destinées à contenir l'eau ; il y a deux outres pour cinq tentes ; dix outres servent donc à 25 tentes ; le Beylik paie à l'Amin des tanneurs 3 saïma et 1/2 par tente pour prix des outres en question.

Les colonnes emportent 6 couffins par tente ; le prix de ces couffins est de 3 saïma et 1/2.
Safar 1233 (1818).

L'Amin des cuisiniers des colonnes victorieuses se fait délivrer des outres pour le transport de l'eau ; chaque outre est formée de deux peaux et demie et est taxée 3/4 de rial ; cette dépense entre dans les attributions du Khodjet-el-Djeld. Chaque année, l'Amin des cuisiniers des colonnes touche au Palais une étrenne de 100 rial (60 fr.).

_____

(1) 20 drihem forment un sou.

Prix des objets de poterie nécessaires au Beylik et qu'il se fait délivrer par l'Amin des potiers.

Cruches, 10 rial (6 fr.); assiettes, 5 rial (3 fr.); grand chandelier, 1/2 rial; petit chandelier, un kherouba; petite jarre, 2 rial (1 fr. 80).

Sommes touchées mensuellement par les Eulama sur les impôts payés par les juifs.

Mutphti-Hanafi, 80 saïma; Muphti-Maleki, 50; Sidi-ben-Ali-Benel-Hadj-Abd-Errahman, 50, (supprimé), Cadi-Maleki, 50; Sidi-Mustapha-Anabi, 40; le chef des Chorfas, 30; Ouled-Sidi-Ali, 20, (supprimé), en tout 538.

Étrennes payées par les Caïd des Outhan, à l'occasion des fêtes.

Caïd des Beni-Khelil, au Pacha, 324 rial (194 fr. 40 cent.); à la Casbah, 126 rial; au Kheznadji et à l'Oukil-el-Hardj, 18 rial; aux deux Mekatâadji, 43 rial; au Rekamdji, 6 rial; au Bach-Teftar, 21 et 1/2; en tout 538 rial 1/2 (333 fr. 10 cent.).

Caïd des Beni-Moussa.

Au Pacha, 216 rial (129 fr. 60 c.); à la Casbah, 76; au Kheznadji, 18; au Bach-Teftar; 21 et 1/2; au Mekataâji, 21 et 1/2; au Rekamdji, 6; en tout 359 rial (197 fr. 70 cent.).

Il en est de même des Caïd des outhan de Moussaïa, de Beni-Khelifa et de Khechna.

Caïd de Cherchell.

Au Pacha, 216 rial; à la Casbah, 100; au Kheznadji, 18; Bach-Teftar, 21 1/2; deux Mekatâadji, 21 1/2; Rekamdji, 6; en tout 383 rial (105 fr. 80 cent.).

Consigné ici afin que l'on ne s'en écarte.

Le 29 choual 1170 (1754), il y avait 25 canonniers, 23 bombardiers et 6 mineurs; ils touchaient à titre d'étrenne 285 rial du Beylik (171 fr.) et 48 rial (28 fr. 80 c.) des Bey.

Prix fixés par Aly-Pacha pour les crosses que fournissent les armuriers.

24 Safar 1172 (1758).

Crosse de luxe, 64 rial (38 fr. 40 c.); crosse de luxe et enrichie, 68 rial (40 fr. 80 c.); crosse de demi-luxe, 32 rial (19 fr. 20 c.); crosse de 2/3, 32 rial; crosse dite Kara-Kondek, 60 rial (36 fr.); crosse simple 30 rial (18 fr.).

Aly-Pacha a fixé ainsi qu'il suit le prix des platines fournies par les armuriers. Safar 1172 (1758).

Platine de fusil enrichie d'argent, 25 rial 1/2 (15 fr. 30 c.); platine de fusil montée en cuivre, 15 rial (9 fr.); platine de fusil appelée Kara-Djakmak, 8 rial 1/2 (5 fr. 10 c.); platine de pistolet montée en argent, 24 rial (14 fr. 40 c.); platine de pistolet, simple, 8 rial 1/2.

Objets donnés au Caïd de Kechtoula, lorsqu'il revet le caftan.

Un pavillon en soie; 7 haïk; 7 calottes; une selle avec des étriers enrichis d'or; 7 paires de guêtres; 2 coudées de drap rouge, pour tapis; 7 paires de babouches jaunes; 7 voiles pour turban.

Chaque année il arrive de la Calle le corail dont la mention suit et qui est prélevé à titre d'impôt sur les bâtiments des pêcheurs de corail :

200 livres de corail.

Il est, en outre, acheté aux pêcheurs un quintal de corail, soit cent livres.

Lorsqu'il arrive du corail de la petite ville de Djiejelli, il est transporté au Palais et là on en prélève un cinquième à titre de droit, le surplus est ensuite enlevé par le propriétaire.

Il en est ainsi sous le règne de Mustapha-Pacha, 19 safar 1162 (1748).

Les forgerons de Médéah envoient chaque année au Palais et à titre d'impôt, 25 pelles qui sont remises par les soins de l'Amin des forgerons.

Consigné ici afin que l'on ne s'en écarte.

1107 (1696).

Le Hadj-Châaban, dey d'Alger, a fait comparaître les secrétaires du gouvernement dont les noms suivent : Sidi-Abd-Errahman-Khodja, Yournas-Moussa-Khodja, Mustapha-Khodja et Youssef-Khodja, à l'effet de régler les comptes relatifs à la perception des impôts ; les sommes rentrées furent versées dans la caisse du Palais et il fut accordé des délais pour les sommes restant à recouvrer.

22 Djoumadi-el-ouel 1105 (1694).

NOTA. — Suit la signature de Hàdj-Châaban, dey, contre laquelle se trouve l'empreinte d'un cachet portant cette légende : « O Dieu, impénétrable et miséricordieux, préserve-moi de ce que je » puis craindre, 1103.»

Lorsque le Pacha revet le caftaan, les dépenses et les étrennes s'élèvent à 4000 rial (2,400).

L'Agha de la petite ville de Collo, envoie annuellement un quintal et demi de cire. 24 Rabia 1111 (1700).

Le Hatchi-Bachi, paie lors de sa nomination la somme de 32 rial (19 fr. 20 c.), pour prix du caftan qu'il revet.

Le Caïd de Cherchell, paie, lorsqu'il revet le caftan, une étrenne de 500 rial (300 fr.).

L'étrenne du caftan du Bey de l'est est fixée à 2000 boudjoux (3,600 fr.), celle du bey de l'ouest à 2000 rial (1200 fr.) et celle du Bey de Tittery à 1000 rial (600 fr.)

Le Sous-Oukil-el-Hardj des colonnes a pour son caftan une étrenne de 50 boudjoux sur laquelle il donne à ses employés 4 boudjoux.

Le Scheikh-el-Blad, achète et fait parvenir chaque semaine le bois nécessaire à la cuisine du Palais et dont le prix est fixé à 4 rial et 1/2 (2 fr. 70 c.).

Il achète également tous les deux mois le bois nécessaire à la Casbah et dont le prix est de 13 rial (7 fr. 80 c.).

Tous les jeudi le Scheikh de Bouzériah envoie à la maison de l'Agha des troupes, le bois nécessaire à sa cuisine et dont le prix est fixé à un rial 1/4 (75 c.).

Sommes payées au Bordj-Tamanfous, pour prix de moutons, par les Outhans soumis aux Caïd.

Beni-Khelil, 30 rial (18 fr.); Moussaïa, 20 rial; Beni-Moussa, 20; Khechma, 20; Beni-Khelifa, 20; Beni-Djaad, 20.

Désignation des impôts perçus sur les zouidja (1), *à Médéah.*

Écrit en chomal 1193 (1779).

Chaque zouidja est imposée à 2 rial et 1/4 (1 fr. 35 c.), le quart de rial est abandonné aux agens chargés du recensement des zouidja et des perceptions.

Les zouidja occupées par des fermiers, paient un droit d'un rial (60 c.), plus 1/8 de rial, qui est perçu par les préposés.

Ces droits sont versés au trésor par le Khodja de la Casbah.

Sommes payées chaque année, au fort Tamanefouss, par les Outhans soumis.

Beni-Khelil, 30 rial (18 fr.), Moussaïa, 20 rial; Khechna, 20 rial; Beni-Khelifa, 20 rial; Beni-Djaad, 20 rial.

Désignation des impôts payés par les tavernes en automne.

A l'équinoxe d'automne, il est fait, par les soins du Ourdian-Bachi, un recensement des barriques de vin existant dans les tavernes d'Alger.

Chaque barrique est frappée d'un impôt d'un boudjou (1 fr. 80 cent); les barils sont comptés comme formant la moitié d'une barrique; le Ourdian-Bachi fait parvenir au Palais du gouvernement le montant de cette imposition et se fait déliver par les deux secrétaires appelés Mekatâadji en chef et second Mekatâadji, des quittances constatant ce versement. Les secrétaires perçoivent un droit de 20 boudjoux (32 fr. 40 c.) par quittance. Telle est la nouvelle coutume, car jadis les secrétaires ne percevaient aucun salaire.

Quart aux loyers des trois tavernes appartenant au Beylik, ils sont également perçus par le Oudian-Bachi, qui en verse le montant au trésor et s'en fait remettre une décharge par les deux secrétaires dont il a déjà été parlé; ceux-ci perçoivent pour leurs honoraires et d'après l'ancienne coutume, 15 boudjoux (27 fr.) par quittance.

L'Amin de la poudre reçoit des hommes composant les colonnes, mais seulement sur sept personnes par tente, un droit d'un huitième du prix payé par eux au Beylik pour la poudre.

(1) Paire de bœufs, mesure de superficie.

Dans le mois de rabia-el-ouel 1227 (1812) notre souverain Hadj-Ali-Pacha, a promulgué par les soins d'Ali-Caïd-el-Mersa, le tarif suivant pour le droit d'ancrage des bâtiments étrangers, sans distinction de tonnage.

Un navire chargé, 23 rial (19 fr. 20 c.); une navire sur lest 16 rial (9 fr. 60 c.).

Chaque année, 1330 chameaux apportent à Alger, l'achour prélevé sur le blé, à Médéah; la charge de chameau est de 6 sâa; le prix de location de ces chameaux est acquitté par le magasin aux grains. 1103 (1692).

Inscrit pour ce que de droit.

Tarif des peaux de bœufs.

Le prix des peaux de bœufs, apportées dans le fondouk El-Djeld du Beylik est fixé, conformément à l'ancien usage à trois-quarts de boudjou la grande peau et trois-quarts de boudjou la paire de petites peaux.

Dressé pour servir ce que de droit.

Droits perçus par le Bey de Médéah, etc.. 6 Châaban 1185 (1771).

Le Hakem, mensuellement 9 sâa de blé; le secrétaire de la Casbah, mensuellement 3 sâa de blé; le Hakem et le Khodja, reçoivent mensuellement, pour tous leurs animaux, 30 sâa et demi d'orge.

Le Bey de Médéah, reçoit tous les mois pour ses trois chevaux. et ses autres animaux, 30 sâa d'orge.

Le Khodja de la Casbah, reçoit toutes les années 24 tseltia de blé et 24 tseltia d'orge.

L'Oukil du Khodja de la Casbah, reçoit chaque année 4 tseltia de blé et 4 tseltia d'orge.

Chaque année le Chaouch de Médéah, reçoit 4 tseltia de blé et 3 tseltia d'orge.

Le Bach-Belouk-Bachi, reçoit annuellement 2 tseltia de blé et 2 tseltia d'orge.

Chaque année le Khodja du Hakem, reçoit 12 tseltia de blé et 12 tseltia d'orge.

Chaque cavalier reçoit annuellement 2 tseltia de blé et 4 tseltia. d'orge.

Sous le règne de Mohamed-Pacha, en 1194 (1780), plusieurs de ces allocations ont été supprimées.

Détail des droits appelés El-Kessour et touchés par les chefs de colonne de Tittery, au retour des tournées. 1187 (1773).

L'Agha, 72 rial (43 fr. 20 c.); Kikhia, 39 rial; Bach-Belouk-Bachi, 27; Khodjet-el-Agha, 60; Khodjet-El-Kikhia, 38 rial; Bachoudalar. 28; Atchi-Bachi, 25; cuisinier du Kikhia, 12; chaouch du Kikhia, 21 et 1/2; chef des porteurs d'eau, 25 1/2; chaque porteur d'eau, 15; chaouch El-Asker, 100; Oukil-el-Hardj de l'Agha, 1 rial; Oukil-el-Hardj du Kikhia, 5; Oukil-el-Hardj du Bach-Belouk-Bachi, 5; Oukil-el-Hardj du Chaouch-el-Asker, 5; Kebakdji, chargé de garder les chiens, 5, cafetier de l'Agha, 5; armurier, 5; maréchal-ferrant, 5; gardien, 5; barbier de l'Agha, 5; chirurgien, 5.

Tarif des chameaux de transport.

1178 (1765).

	Pataque-chique.
De Médéah à Alger,	3 1/2
De Médéah à Blidah,	2 1/2
D'Amoura à Alger,	3 1/2
D'Aïn-Eddem à Alger,	3 1/2
De Milianah à Alger,	3 1/2
De Bou Helouan à Alger,	3 1/2
De Beni-Menasser à Alger,	3 1/2
De Sebaou à Alger,	3 1/2
D'Alger à Blidah,	2 1/2
De Milianah à Blidah,	2 1/2
De Bou-Helouan à Blidah,	2 1/2
D'Amoura à Blidah,	2 1/2
Des Yssers à Alger,	2 1/2
Des Hadjoutes à Alger,	2 1/2
Des Hadjoutes à Blidah,	1 1/2
Du Chelif à Alger,	1 1/2
De Blidah à Alger,	2 1/2
De Haouch-ben-Khelil à Alger,	1 1/2
De Bouffarick à Alger,	1 1/2
De Mourad-Koursou à Alger.	1 1/2
Transport à Alger des grains provenant des terres du Beylik dans la partie est,	1/2
Id dans la partie ouest,	1/2

Tel est le tarif des salaires payés par le Beylik.

L'an mil deux cent vingt-huit, notre souverain Hadj-Aly-Pacha, daigna, sur la proposition du Khodjet-el-Kheil, Sid-Hassain-Khodja (1), augmenter les faibles salaires qui étaient accordés pour les transports faits à dos de chameaux ; 1er moharem 1228 (1887). Inscrit afin que l'on ne s'en écarte. Signature de Hassain-Khodjet-el-Kheil.

Savoir :

	Pataque-chique
De Médéah à Alger;	5
De Médéah à Blidah,	4
D'Amoura à Alger,	5
D'Aïn-Eddem à Alger,	5
De Milianah à Alger,	5
De Bou-Helouan à Alger,	5
De Beni-Menasser à Alger,	5
De Sebaou à Alger,	5
D'Aïn-Eddem à Blidah,	4
De Milianah à Blidah,	4

(1) Depuis Dey d'Alger.

De Bou-Helouan à Blidah,	4
D'Amoura à Blidah,	4
Des Yssers à Alger,	4
Des Hadjoutes à Alger,	4
Des Hadjoutes à Blidah,	2
De la Chiffa à Alger,	2
De Blidah à Alger,	3
De Haouch-ben-Khelil à Alger,	3
De Bouffarick à Alger,	2
De Mourad–Koursou à Alger,	2
De Ras-Eloutha à Alger,	1
De Soukali à Alger,	1

Sous le règne d'Omar-Pacha l'ancien tarif fut rétabli.

Désignation du nombre de pains alloué à chacun des fonctionnaires de l'Oudjak d'Alger, en raison de son rang et conformément aux règlements.

Inscrit ici pour servir ce que de droit.

Le Pacha, 280 pains par jour, le Doulateli, 80 par jour; l'Agha des troupes, 12 pains par jour; le Kikhia, 8 pains par jour; le Bach-Yayabachi, 8 pains par jour; à chacun des Ouda-Bachi, 4 pains par jour; au secrétaire des pavillons (Khodjet-Essenadjek), 8 pains par jour, le porte-drapeau en chef, 24 pains par jour; le secrétaire dit Bac-Teftar, 24 pains par jour, dont 6 pains pour l'Agha; le secrétaire Bach-Mekatâadji, 24 pains par jour, dont 6 à l'Agha; le second Mekatâadji, 24 pains par jour, dont 6 à l'Agha; le secrétaire dit Rekamedji, 24 pains par jour, dont 6 pour l'Agha; le secrétaire du pain, 40 pains par jour; le secrétaire du magasin aux grains. 48 pains par jour; le secrétaire du Kateb, 10 pains par jour; les Caïd de l'Achour et le Khodja, 8 pains chacun par jour; au secrétaire des quittances, 12 pains par jour; le secrétaire du conseil, 8 pains par jour; le secrétaire des campagnes, 8 pains par jour; le secrétaire des captures, 8 pains par jour; le secrétaire du tabac, 8 pains par jour; le secrétaire de la douane, 8 pains par jour; le secrétaire de la porte de la marine, 8 pains par jour; le secrétaire des chevaux, 8 pains par jour; le secrétaire des Habous; 8 pains par jour; le Bach-Chaouch des troupes, 24 pains par jour; le Kikhia du Bach-Chaouch, 24 pains par jour; chacun des chaouch, 24 pains par jour; le Bach-Kolkdji, 4 pains par jour; chacun des Kolkdji, 4 pains par jour. le cuisinier en chef, 40 pains par jour; le Kikhia du cuisinier en chef, 20 pains par jour; l'Agha du fort Hadj-Ali, 8 pains par jour; l'Agha du fort de la porte de la ville, 8 pains par jour; l'Agha du fort de Hassan-Pacha, 4 pains par jour; l'Agha du fort de Bab-Zoun, 12 pains par jour; l'Agha du fort des Sardines, 8 pains par jour; l'Agha du fort Baba-Hassan, 8 pains par jour; l'Agha du fort du Phare, 8 pains par jour; l'Agha du fort dit Bordj-el-Gueman. Le canonnier en chef du fort des Sardines, 12 pains par jour; le canonnier en chef du port; 8 pains par jour; le canonnier en chef du grand canon, 4 pains par jour; le portier de la caserne appelée Dar-el-Ankchayria-el-Kedima (l'ancienne caserne de janissaires), 8 pains par jour; le portier de la nouvelle caserne de janissaires, 8 pains par jour; le portier de la porte du Port, 4 pains par jour; le portier du fort des Sardines, 4 pains par jour; le portier du fort Baba-Hassan, 4 pains par jour.

Étrennes touchées en orge et blé , par les divers fonctionnaires de Médéah.
1170 (1757).

	CHARGES DE CHAMEAU.	
	EN ORGE.	EN BLÉ.
L'Imam de la grande Mosquée ,	6	6
Le Moueden *(crieur)*,	2	2
Le Muphti ,	4	4
L'Imam de la Mosquée Hanafi et le Mouden,	5	5
Mosquée Sidi-Ramdan ,	1	1
Mosquée Abdy-Pacha ,	1	1
Les secrétaires de la Casbah ,	15	15
Les bouchers ,	2	2
Oukil-el-Hardj ,	4	4
Bach-Belouk-Bachi ,	2	2
Le Chaouch du Hakem ,	2	2
Le secrétaire du Hakem ,	6	6
Le Caïd-el-Aïoun ,	6	6
Les gardiens de la Casbah ,		12

Rachat de captifs par les Espagnols.

Des prêtres espagnols viennent à Alger pour racheter leurs prisonniers , suivant les anciens usages. Ce rachat a lieu en présence des autorités, d'un interprète et des prêtres, après que les droits et étrennes ont été acquittés. Les droits du Beylik sont payés en premier lieu et ensuite les étrennes ; lorsque toutes les impositions obligatoires sont soldées, on autorise le paiement de la rançon pour le nombre de captifs qui a été fixé. Cela se pratiquait ainsi du temps de Baba-Hassan (en 1672) et sous le règne de notre seigneur Hadj-Chaâban (en 1693); ces usages ont été maintenus.

Consigné ici pour servir ce que de besoin.

L'on choisit d'abord 10 prisonniers parmi les vieillards , les boiteux et les blessés, puis 15 autres dans les hommes valides et d'après les renseignements donnés par les surveillants; suivant les anciens usages chaque mécréant doit donner une étrenne de mille saïma.

La rançon des prisonniers du Beylik, tels que marins, négociants, gens de cabarets , charpentiers et calfats est fixée ainsi qu'il suit :

Chaque mécréant paie 500 rial (300 fr.); si une vente avait eu lieu, ce prix est élevé à 600 rial (360 fr.).

Notre souverain Hadj-Chaâban a suivi cet usage dans quatre rachats qui ont eu lieu sous son règne.

Sommes à payer après le versement de la rançon des prisonniers mécréants.

La délivrance d'un mécréant esclave exige, après le paiement de la rançon, d'autres dépenses fixées par les règlements et dont le détail suit : sur chaque dix boudjoux, il est payé au trésor un droit d'un boudjou. Chaque mécréant est tenu ensuite de payer un droit pour la caisse qui est au Palais et dans laquelle les rançons sont déposées avant d'être versées au trésor. Enfin, il est prélevé douze rial (7 fr. 20 c.) pour les quittances; la moitié de cette dernière somme, soit 6 rial est versée au trésor et le surplus est attribué aux employés.

Consigné ici afin que l'on ne s'en écarte.

Les prisonniers appartenant au Beylik paient les mêmes droits, quant au nombre des pièces de monnaie, mais en remplaçant les boudjoux (1 fr. 80 c.) par des rial-draham-segbar (60 c.); cependant la plupart donnent la même quantité de boudjoux et cela à titre de cadeau.

Les quittances sont remises par les membres du diwan au Yayabachi et au Caïd du port, qui les portent au navire; le destinataire de la quittance donne au Yayabachi, et à titre d'étrenne, 4 boudjoux (7 fr. 20 c.) sur lesquels un revient à ce dernier et trois au trésor Quant au Caïd du port, il perçoit d'autres étrennes et verse au trésor un rial (60 c.) pour chaque quittance délivrée à un mécréant.

Tel est l'ancien usage et il a été consigné ici afin qu'on l'observe.

Les prêtres espagnols donnent à notre seigneur le Pacha des étrennes pour le prix de six des captifs rachetés et pris parmi les vieillards, les boiteux, les borgnes et autres infirmes; ces étrennes sont fixées à mille saïma par mécréant, ce qui fait de 60 à 70 rial (36 fr.)

Les Espagnols donnent à l'ancien Agha des troupes, chargé de la prison (Dar-Serkadji), une étrenne de mille saïma pour prix d'un vieux mécréant, employé dans cette prison.

Il y a auprès du Pacha un secrétaire appelé Khodjet-Eddeftar, deux secrétaires appelés Mekataâdji et un autre secrétaire chargé des écritures et appelé Khodjet-Errokamdji. Chacun de ces secrétaires reçoit une étrenne de mille saïma, représentant la rançon de quatre mécréants.

Le trésorier du diwan du Palais, reçoit des prêtres espagnols une étrenne de mille saïma, représentant la rançon d'un mécréant.

Le Beylik perçoit deux mille saïma d'étrenne pour deux mécréants dans la force de l'âge et dont l'un est employé dans le Palais et l'autre à la Casbah.

Les Captan de terre et de mer reçoivent chacun mille saïma, d'étrenne, représentant la rançon d'un mécréant.

Les deux Khodja du diwan reçoivent chacun une étrenne de mille saïma, représentant la rançon d'un mécréant.

Les prêtres espagnols donnent une étrenne de deux mille saïma, formant la rançon de deux mécréants, aux dignitaires qui composent la suite due à la position élevée et à la puissance du Pacha et aux jeunes renégats qui sont attachés à son service.

L'argent, apporté pour former la rançon des mécréants, paie au Beylik un droit de 5 rial (3 fr.) par cent rial (60 fr.); ce n'est qu'après avoir acquitté ce droit que l'on peut employer cet argent à l'usage auquel il est destiné.

En résumé, chaque mécréant doit donner 43 rial (25 fr. 80 c.) d'étrennes avant d'obtenir l'autorisation de sortir du Palais, tel est l'usage sous le règne de notre seigneur; il doit aussi donner des étrennes au Yayabachi, chargé d'aller au navire, aux quatre secrétaires du diwan, savoir : les deux Khodjet-el-Mekatâadji, le Khodja-Eddeftar et le Khodjet-Errokamdji; au Caïd du port, au Secrétaire des prises, aux Écrivains de la marine et au Caïd de la banlieue. Il est désigné aux prêtres un interprète, des gardes d'escorte et un interprète pour le Pacha. Tels sont les règlements et usages en vigueur et qui ont été consignés ici afin que l'on s'y conforme.

Notre Seigneur le Pacha reçoit, pour chaque mécréant, deux rial de grande dimension.

Le deux secrétaires du Conseil, appelés Mekatâadji, et les deux secrétaires, appelés Khodjet-Eedeftar, reçoivent pour chaque mécréant une étrenne d'un rial (60 c.)

Notre seigneur Hadj-Chaâban a décidé qu'ils toucheront un ziani rial — 1793.

Le Caïd du port touche pour chaque mécréant un demi-rial

Les écrivains de la marine touchent pour chaque mécréant 1/8e de rial.

Les prêtres du rachat donnent à chacun des interprètes anglais et français un rial (60 c.) par mécréant.

L'interprète du Pacha reçoit pour chaque mécréant 1/8e de rial.

Les surveillants des esclaves reçoivent des prêtres espagnols une étrenne pour chaque mécréant.

Le Yayabachi reçoit, à titre d'étrenne pour ses trajets, un rial (60 c.) par mécréant.

Le Khodjet-Errokamdji, 4e des secrétaires du diwan, reçoit pour chaque mécréant une étrenne d'un quart de rial.

Le Secrétaire des prises reçoit, pour chaque mécréant, une étrenne d'un quart de rial.

Le Caïd de la banlieue reçoit, pour chaque mécréant, une étrenne d'un quart de rial.

Les soldats d'escorte reçoivent chacun une étrenne d'un huitième de rial pour chaque mécréant.

L'on donne aux prêtres espagnols qui viennent racheter les esclaves des soldats d'escorte, chargés de veiller sur eux jour et nuit, et de les protéger dans leurs opérations. Lorsque leur mission est terminée, ces prêtres donnent aux soldats une étrenne d'un quart de rial par prisonnier.

Consigné pour ce que de besoin.

Dispositions relatives à la garnison de la ville de Bône.

Lorsqu'une nouvelle garnison arrive dans la ville de Bône, il lui est délivré, pour la célébration de sa bienvenue (deifa) et pendant les trois premiers jours, un agneau pour chaque sefra (table) et soixante-un pains. Chaque sefra reçoit également une somme de dix-sept rial boudjoux (30 fr. 60 c.)

Ration (Azek).

La ration mensuelle de l'Agha est d'une jarre de beurre et d'une jarre de miel. La ration des autres sefra est d'une jarre pour chacune. L'Agha reçoit chaque mois douze mesures de blé (mesure dont on se sert à Alger); les autres sefra reçoivent chacune six mesures de blé (mesure d'Alger).

La jarre contenant le beurre est de l'ancien modèle, le nouveau modèle est deux fois plus petit que celui-ci.

Savon.

Il est fourni aux sefra une ration mensuelle de cent trente livres de savon.

Huile.

Chaque sefra reçoit un chaudron rempli d'huile ; l'Agha en reçoit deux ; l'Oukil-el-Hadj en reçoit un ; le Khodja et le Chaouch en reçoivent un pour eux deux ; le Bach-Thobdji en reçoit un.

Etrennes de la fête El-Fethar.

Chaque sefra reçoit le jour de cette fête dix-sept rial boudjoux (30 fr. 60 c.). Lorsque le Caïd entre chez l'Agha pour le complimenter, il lui paie dix-huit boudjoux et un quart ; en sortant par la porte de la Casbah, il donne aux gardiens une étrenne d'un boudjou et un quart.

Le troisième jour de la fête, le Caïd paie, à titre d'étrennes, trois rial boudjoux au cafetier, douze rial boudjoux aux Noubadja, cinq rial boudjoux et cinq huitièmes de rial au Bach-Thobdji, cinq rial boudjoux et cinq huitièmes de rial au Caïd du port et deux rial boudjoux et cinq huitièmes au lutteur.

Etrennes à l'occasion de la naissance illustre (Mouloud).

Il est donné, le jour de Mouloud, douze livres de beurre et douze livres de miel au Khodja, et deux livres de beurre et deux livres de miel au chaouch ; à chaque sefra le premier jour de la fête, il est donné deux livres de beurre et deux livres de miel. Les Kara-Kolkdjia (enfants de troupe) reçoivent chacun une livre de beurre et une livre de miel.

Etrennes d'Aïd-el-Kebir.

Les étrennes d'Aïd-el-Kebir sont semblables à celles que l'on accorde à l'occasion d'Aïd-el-Fethar et dont l'énonciation a été donnée plus haut.

Le Caïd monte une fois par an à la Casbah avec le diwan (conseil) et il paie à cette occasion les étrennes suivantes.

Au Khodja, un demi-rial-boudjou ; à l'Oukil-el-Hardj, un demi-rial-boudjou ; au chaouch, un rial-boudjou ; au Caïd du balayage (ezzebel), un rial-boudjou et un boudjou et quart pour la chaîne (selsela).

Etrennes du nouveau Caïd.

Lorsque le Caïd reçoit sa nomination, il distribue les étrennes suivantes : un boudjou au Chaouch de la garnison ; un boudjou au Caïd Ezzebel, cinq boudjoux et cinq huitièmes à l'Agha des cavaliers, cinq boudjoux et cinq huitièmes au Bach-Thobdji, cinq boudjoux et cinq huitièmes au Caïd du port.

Etrennes touchées par le Caïd en rentrant des tournées relatives à la perception des impôts.

Lorsque le Caïd a terminé ses tournées pour la perception des impôts, il paie, à titre d'étrennes, un rial-boudjou an chaouch et un rial-boudjou au Caïd Ezzebel. Le Caïd Eddoukhan (du tabac) paie à la nouvelle garnison du fort Ras-el-Hamera une étrenne ou bachmak de quarante rial-boudjoux ; il remet pareille somme à la nouvelle sefra de l'Agha.

Pains fournis chaque jour aux sefra.

Il est remis tous les jours à la sefra de l'Agha quatre-vingt-quatorze pains de farine mélangée et 37 pains de semoule. Quant aux autres sefra, chacune d'elles reçoit quatre-vingt-quatre pains de farine mélangée et un pain de semoule. Il est remis tous les jours dix-huit pains à la sefra du Kahia, sept pains à la sefra du Bach-Belouk-Bachi et sept pains aux sefra du fort Ras-el-Hamera. Il est donné également chaque jour aux fonctionnaires de la ville soixante-quatre pains de farine mélangée et vingt-huit pains de semoule.

Etrennes en viande données par la corporation des bouchers.

Les étrennes en viande données par la corporation des bouchers aux sefra de la garnison ont lieu de la manière suivante :
La corporation des bouchers donne un demi-mouton à chaque sefra et un demi-mouton aux cuisiniers et cela tous les lundi et tous les jeudis elle donne chaque mercredi un mouton entier pour la sefra de l'Agha.

Poids du pain.

La pâte destinée à la fabrication d'un pain doit peser dix onces ; après la cuisson, le poids doit être réduit à neuf onces ; si le pain pèse moins il ne peut pas être reçu, mais l'on ne peut exiger un poids plus élevé.

Etrennes appelées Kossour.

Les étrennes appelées Kossour se distribuent de la manière suivante :
A la sefra de l'Agha, trente-cinq rial-boudjoux par mois (63 fr.) ; à la sefra du Kikhia, dix-huit rial-boudjoux par mois ; à la sefra du Bach-Belouk-Bachi, dix-huit rial-boudjoux et demi par mois ; et à chacune des autres sefra, dix-huit rial-boudjoux par mois.

Etrennes pour l'ancrage des navires.

Lorsqu'un navire mouille dans le port de Bône, son capitaine paie des étrennes d'ancrage de la manière suivante :

Trois boudjoux à l'Agha, deux boudjoux et quart au Kikhia et deux boudjoux et quart au chaouch.

Le capitaine doit également payer pour le chargement du navire, les étrennes suivantes :

Trois boudjoux et quart à l'Agha; trois boudjoux et trois huitièmes de boudjou au Khodja ; deux boudjoux et quart au chaouch ; deux boudjoux et quart au Kikhia et deux boudjoux et quart à chacun des deux oud-bachi, membres du diwan (conseil).

Inscrit ici afin que l'on ne s'en écarte, et salut.

Telles sont les dispositions arrêtées au sujet de la nourriture et des étrennes que le Caïd de Bône est tenu de fournir aux troupes formant la garnison de cette ville.

Des discussions s'élevaient souvent à ce sujet et cet état de choses dura jusqu'en 1244, époque du gouvernement de l'illustre, très-élevé, très-courageux et glorieux Hassain-Pacha (1828), prince d'Alger. Que Dieu réalise ses vœux !

Pendant son règne fortuné, il désira mettre un terme à ces discussions et, à cet effet, il ordonna la compulsion et la révision de tous les règlements relatifs à la garnison de Bône ; ayant reconnu que ces règlements étaient bons et conformes à ses vues, il en ordonna la réunion et l'inscription sur le présent registre afin qu'ils soient conservés au Palais ; il les rendit exécutoires et décida que des peines sévères seraient infligées à quinconque les enfreindraient.

Il en fit faire deux copies et les fit remettre l'une au Caïd et l'autre à la garnison, pour leur servir de règle uniforme et pour éviter toute infraction de part ou d'autre.

Fait dans le mois de moharem 1244 (1828).

Suit une signature ainsi conçue .

Hussain-Pacha, prince de la ville bien gardée d'Alger de l'ouest.

Registre relatif aux impositions en nature et en argent auxquelles a droit la garnison de Biscara.

8 Avril 1195 (1728).

La sefra de l'Agha a deux rations (azek) par mois ; celle du Kikhia a une ration et demie par mois, celle du Bach-Beloukbachi a une ration par mois; la quatrième sefra, appelée sefra du second Beloukbachi et qui tient le dernier rang a droit à une ration par mois.

Le total des rations pour les quatre sefra est de cinq rations et demie. Une ration est fournie par les habitants de la ville et les autres par le Caïd.

La ration donnée lors du départ de la garnison est fournie par la ville.

Les étrennes données à l'occasion des deux fêtes de l'année et du mouloud (naissance du Prophète) sont à la charge du Caïd.

Ces dispositions ont été inscrites ici pour que l'on ne s'en écarte.

Désignation des rations de la sefra de l'Agha.

8 Avril 1195.

La sefra de l'Agha a droit chaque mois à vingt-huit mesures de blé bouilli (berghel) ; à quatre-vingt-seize livres de beurre salé à cinquante-quatre litres d'huile ; à cent cinquante livres d'olives ; à un mouton entier le jeudi et à trois quarts de mouton les autres jours de la semaine ; il lui est délivré en sus, à l'occasion de chacune des trois fêtes de l'année, quinze livres de miel quinze livres de beurre, quinze livres de riz et un mouton.

Désignation des rations de la sefra du Kikhia.

8 Avril 1195.

La sefra du kikhia a droit chaque mois à vingt-une mesures de blé bouilli (berghel); à soixante-douze livres de beurre salé ; à quarante litres et demi d'huile ; à cent livres d'olives ; à un mouton entier le jeudi et à trois quarts de mouton les autres jours de la semaine A l'occasion des deux fêtes et du mouloud, il est délivré une ration composée de treize livres de miel, de treize livres de beurre, de trois livres de riz et d'un mouton, et qui est donnée en nature ou remplacée par une allocation fixée à cinq boudjoux et cinq huitièmes.

Désignation des rations de la sefra du Bach-Beloukbachi

8 Avril 1195.

La sefra du Bach-Beloukbachi du fort a droit, chaque mois, à quatorze mesures de blé bouilli ; à quarante-huit livres de beurre ; à vingt-sept litres d'huile ; à soixante-quinze livres d'olives ; à un mouton entier le jeudi et trois quarts de mouton les autres jours de la semaine. A l'occasion des deux fêtes et du moulond, il lui est délivré une ration qui est composée de dix livres de miel, de dix livres de beurre, de dix livres de riz et d'un mouton, et qui est donnée en nature ou remplacée par une allocation de quatre boudjoux et demi

Désignation des rations de la sefra du fort.

8 Avril 1195.

La sefra du Bordj a droit chaque mois à 14 mesures de berghel, à 8 livres de beurre, à 27 litres d'huile, à 75 livres d'olives, à un mouton entier le jeudi et à trois quarts de mouton les autres jours de la semaine; à l'occasion des deux fêtes de l'année et du Mouloud il lui est délivré une ration composée de dix livres de miel, de dix livres de beurre, de dix livres de riz et d'un mouton et qui peut être remplacée par une allocation de quatre boudjoux et demi.

Tels sont les règlements en vigueur.

Précédemment la ration de viande délivrée à l'Agha, n'étiat que de deux livres par jour ; sous le règne de Abd-Errahman-Bey et de Dali-Bey, cette ration a été augmentée de deux livres par jour, ce qui est une marque de bonté et de bon vouloir de leur part. La ration de l'Agha se trouve donc portée à quatre livres par jour. Cette augmentation a eu lieu du temps de Mustapha-Agha.

8 Avril 1195.

L'usage de fournir des jarres et des nattes, ou de les remplacer par une allocation a été établi; le prix des nattes a été fixé à trois huitièmes de rial-kouareth et celui des jarres à un quart de rial-kouareth.

Ce tarif a été adopté et inscrit sur le règlement.

L'usage suivant a été inscrit ici pour être mis à exécution.

Sous le gouvernement d'Abd-Errahman-Bey et lors de l'entrée du Bach-Agha dans la ville de Biskara, qui eut lieu un mercredi, il fut offert à ce fonctionnaire et pour lui rendre hommage, un repas (diffa), dans lequel fut servi un mets appelé zareda et dans la composition duquel entrent deux livres de miel.

Depuis lors cet usage a été introduit et le Caïd est chargé d'offrir un banquet à chaque nouvel Agha, lors de son installation.

Le banquet dont il vient d'être parlé et qui a donné lieu à cet usage, fut offert aux fonctionnaires dont les noms suivent,

Kalafat-Mustapha, agha; Baba-Ali-Koldj, kikhia; Ibrahim, khodja: Kassed-Ali, premier ouda-bachi et Mustapha-ben-Aïssa, second ouda-bachi.

Écrit le 8 avril 1195 (1783).

Étrennes de l'Agha.

L'Agha a droit à 24 pains par jour; six de ces pains lui sont remis en nature et sont employés aux besoins de sa sefra; quant aux 18 autres, ils sont convertis en une allocation de 9 rial-kouareth, et un quart, et plus un kherouba qui lui est payée avec les autres étrennes. Chaque semaine il a droit à deux livres de savon. Il a droit à 14 nattes et à dix jarres. Le premier jour du ramdan, les juifs lui paient huit rial-kouareth pour prix d'un éventail,

A l'arrivée d'un nouvel Agha dans la ville de Biskara, les cabaretiers lui paient une étrenne de dix rial-kouareth et un droit de cinq rial-kouareth pour obtenir l'autorisation de continuer leur industrie. A l'occasion de la fête dite Aïd-el-Kebir, les juifs lui paient un rial-kouareth, à titre d'étrenne du safran; il en est de même lors de l'Aïd-Esseghir.

Équinoxe du printemps.

A l'équinoxe du printemps, l'Agha perçoit pour sa sefra, une étrenne de quatre rial-kouareth de la tribu Feliacha et quatre rial-kouareth de la tribu Kerada; il perçoit aussi des étrennes au sujet des mariages célébrés dans les tribus. Ce droit est fixé à un rial-kouareth par mariage qu'il sanctionne; les soldats de la garnison paient pour leur mariage un droit de trois quarts de rial-kouareth.

Il existe aux environs de la terre appelée El-Melaha, un terrain que l'Agha loue chaque année aux tribus de Feliacha et de Kerada et dont le produit est destiné à sa sefra; plus tard il leur fut fait remise de ce loyer.

Etrennes que l'Agha reçoit du collecteur, à l'occasion des fêtes.

Le collecteur paie à la sefra de l'Agha et à l'occasion de chaque fête: 15 livres de miel, 15 livres de beurre salé et 15 livres de riz; il peut les convertir en une allocation fixée à un huitième de boudjou par livre et qui est payée avec les autres étrennes.

Il paie deux rial-kouareth par ration (azek).

L'Agha reçoit des cultivateurs, à l'occasion de chacune des deux fêtes, 14 rial-kouareth ; le premier jour des fêtes, il reçoit d'eux 45 poules et deux agneaux destinés à être farcis.; à l'occasion du Mouloud, il reçoit 15 poules.

Il perçoit exclusivement un impôt sur le blé versé par les tribus de Feliacha, de Kerada et de Betsa.

Inscrit ici afin que l'on ne s'en écarte.

Étrennes du professeur de l'école de l'Agha, située à la Casbah.

Le professeur attaché à l'école de l'Agha, sise à la Casbah, a droit chaque année, à 50 mesures d'orge *(mesure employée à la Casbah)*, à prélever sur les produits de la terre dite El-Khoriba et que les propriétaires sont obligés de fournir alors même que cette propriété n'est pas cultivée.

Lorsqu'un nouvel Agha arrive, il remet au Caïd un temak *(soulier)* et une paire de baboudj et reçoit en retour 12 pataques-chiques (7 fr. 20 c.) dont 10 lui sont attribuées, une remise aux chaouchs et une remise à l'Oukil-el-Hardj.

Le nouvel Agha fait les distributions suivantes, à titre d'étrennes du drapeau.

Au Scheikh des Scheikh, une paire de baboudj ; au Caïd de la Casbah, une paire de baboudj; au Muphti, une paire de baboudj; au collecteur des marchés, une paire de baboudj : au chef des bouchers, une paire de baboudj ; au Scheikh de la tribu de Feliacha, une paire de baboudj ; au Scheikh de la tribu de Batsa une paire de baboudj; au Scheikh de la tribu des Kerada, une paire de baboudj.

Le prix de la paire de baboudj est fixé à 12 boudjoux.

L'Agha remet également une paire de baboudj à l'Iman de sa mosquée, située à la Casbah ; une paire de baboudj au chef des gardiens de la porte de la Casbah et à chacun des Scheikh, une paire de baboudj, un bonnet *(arekia)* et deux paquets de tabac.

Au commencement du printemps, les Scheikh remettent 9 pataques-chiques à l'Agha, 4 pataques-chiques au Kikhia et 2 pataques-chiques au Khodja.

Ces étrennes les concernent exclusivement.

Prix du sang (dya) et amende.

Lorsqu'un assassinat se commet dans les environs, le prix du sang (dya) et l'amende sont recouvrés par les soins du Scheikh.

Le prix du sang est remis à l'héritier, s'il est connu. L'amende est répartie entre l'Agha, le Kikhia, le Khodja, écrivain (kateb) de la garnison, les Ouda-Bachi et les chaouch au prorata des droits que leur confère le rang qu'ils occupent.

L'Agha perçoit une étrenne d'un demi-pataque-chique par chaque porte, attribuée à l'interprète, lors de la fourniture de vivres faites par les habitans de la ville à la garnison.

Il perçoit également l'étrenne d'un pataque-chique par porte, attribuée à l'interprète, lors des fournitures de vivres faites par le Caïd à la garnison.

Ces étrennes étaient jadis perçues par un interprète ; les fonctions de cet agent ayant été supprimées, ses étrennes furent attribuées à l'Agha.

Le blé employé pour la confection du pain des chefs de la garnison de la ville de Biskara, s'élève à 75 mesures (saâ) dont le prix total est de 52 boudjoux et demi.

Tel est l'usage : chaque pain revient à 4 drihem ; il reste un excédant d'un boudjou qui est attribué au Caïd.

Inscrit pour ce que de besoin.

Etrennes du Kikhia.

Chaque, jour le Kikhia a droit à 16 pains dont 3 lui sont délivrés en nature pour les besoins de sa sefra et 13 convertis en une allocation de 6 boujoux, qui lui est payée avec les autres. Il a également droit à une livre et demie de savon, à 5 paillassons; à 5 jarres, à une cruche, à une petite cruche et une bouilloire (gheraf). La délivrance de ces divers objets est obligatoire.

Etrennes du Bach-Belouk-Bachi.

Le Bach-Belouk-Bachi a droit chaque jour à 12 pains, dont 3 lui sont fournis en nature pour les besoins de sa sefra et 9 convertis en une allocation d'un boudjou, il a également droit à une livre de savon, à 4 jarres, à 3 nattes, à une cruche, à une petite cruche, à une bouilloire (gheraf), et à une petite cruche d'huile à brûler.

La fourniture de ces divers objets est obligatoire.

Etrennes du second Belouk-Bachi.

Le second Belouk-Bachi a droit à 10 pains, dont 3 en nature et 7 représentés par une allocation d'un boudjou ; il a droit également à une livre de savon, à 3 nattes, à 4 jarres, à une cruche, à une petite cruche, à une bouilloire, et à une petite cruche d'huile à brûler. La fourniture de ces objets est obligatoire.

En mil trente-huit, le Caïd de Biskara, nommé Ben-el-Hadj-Fatah-Allah, créa en faveur du second Belouk-Bachi, une étrenne de 3 rial à l'occasion de chaque fête. Cet usage se perpétue de nos jours.

Etrennes du Khodja.

Le Khodja a droit quotidiennement à 12 pains, qui sont convertis en une allocation de 8 boudjoux, attendu que les trois pains qui sont nécessaires pour les besoins de sa sefra, lui sont fournis par l'Agha ; il a droit également à une livre de savon, à 4 nattes, à 4 jarres, à une cruche, à une petite cruche, à une bouilloire et à une cruche d'huile à brûler ; il perçoit sur chaque sefra une étrenne d'un quart de rial, un rial pour sa portion des olives, une livre d'huile et une livre de beurre. Sur chaque ration il perçoit du collecteur un demi-ziani.

La fourniture de ces divers objets est obligatoire.
Consigné pour ce que de besoin.

Étrennes du Bach-oud-Bachlar.

Le Bach-oud-Bachlar a droit chaque jour à 8 pains, dont 3 en nature pour les besoins de sa sefra et 5 convertis en une allocation d'un boudjou; il a également droit à une livre de savon, et à 2 nattes. Le collecteur lui remet sur chaque ration un quart de rial, à titre d'étrenne; il a par sefra une livre de beurre et une livre d'huile.

Etrennes des Ouda-Bachlar.

Chaque Ouda-Bachi a droit à 6 pains dont 3 en nature; quant au surplus, il est converti en une allocation totale de 12 boudjoux pour tous les Ouda-Bachlar; chacun d'eux a droit, le vendredi, à une livre de savon.

Le Chaouch a droit chaque jour à 6 pains qui sont convertis en une allocation de 3 boudjoux, attendu que les 3 pains nécessaires à sa sefra sont fournis par l'Agha, qui est tenu à cela par sa position élevée et en raison des vivres qui lui sont alloués. Il a également droit à 2 jarres et à 2 nattes; il reçoit des sefra de l'Agha et du Kikhia une livre de beurre et une livre d'huile; sur chaque ration il perçoit un rial, plus un huitième et un kherouba. Lors du renouvellement de la garnison de Biskara, il reçoit des cabaretiers une étrenne de 3 rial. Il perçoit également les loyers d'un jardin, sis à Bab-Kedjacha et qui lui est affecté. Chaque vendredi, il lui est délivré une livre de savon : il perçoit un quart de rial sur chaque mariage de soldat.

Chaque Oukil-el-Hardj des sefra reçoit le vendredi et à titre d'étrenne, une livre de savon.

Les étrennes des chefs sont complétées dans le cas où elles n'atteignent pas la limite voulue; la portion des décédés est perçue et jointe à celles des survivants; le Chaouch et l'Oukil-el-Hardj de l'Agha, participent au prorata de leurs droits aux allocations en argent que les chefs perçoivent en remplacement du pain.

L'Oukil-el-Hardj de l'Agha reçoit une demi-livre de savon pour le service de l'Agha; il avait droit autrefois à 2 pains par jour, mais ce privilége mécontenta les soldats de la garnison et il y eut des désordres auxquels prirent part les membres des quatre sefra; pour mettre fin à ces conflits, l'allocation fut supprimée.

Le Caïd Fatah-Allah eut occasion, sous le commandement de Mohamed-Agha et d'Omar-Yaya-Bachi, de rétablir cette allocation et notre maître l'Agha, a ordonné, lors de notre arrivée, de la continuer; nous avons également augmenté de deux pains la ration du chef des Belouk-Bachi (ainsi que le Caïd Fatah-Allah l'avait établi) et celle du Khodja, de deux pains; cette dernière était autrefois de deux pains.

Lorsqu'une nouvelle garnison arrive à Biskara, il est remis à chaque sefra 16 nattes et 16 jarres pour la provision d'eau; la corporation des potiers est obligée de remplacer les jarres qui sont brisées; le remplacement des nattes est à la charge des citadins et a lieu par les soins du Mezouar; les sefra sont représentées pour ces opérations par leur Oukil-el-Hardj.

Le Caïd doit fournir pour chaque ration les objets de poterie suivants à chacune des sefra : 8 cruches, 8 petites cruches, 8 bouilloires, 8 gobelets et 8 jarres.

Chaque sefra a droit quotidiennement à une charge de bois, et la sefra de l'Agha a droit, en outre de la ration ordinaire, à une charge de plus le mercredi; le jour de la distribution des vivres, chaque sefra reçoit 5 charges de bois pour préparer le berghel.

Le prix de la charge de bois est de 3 mouzounat; cette fourniture est à la charge des cultivateurs des Feliacha, des Betsa et des Kerada,

Inscrit pour ce que de besoin.

Le Caïd de la Casbah fournit à chaque sefra une ration d'une charge de sel.

Inscrit pour ce que de besoin.

Lorsqu'une nouvelle garnison arrive à Biskara, il est donné à chaque sefra et pour célébrer sa bien-venue, une charge de dattes; cet usage bienveillant fut institué par Dali-Bey et observé depuis par les Caïd; que Dieu fasse périr celui qui tenterait d'abolir cet usage suivi du temps de Nassouh-Agha, de Dali-Bey et d'Abd-Errahman-Bey, salut.

Le prix de l'étamage des quatre sefra est fixé à 5 ziani dont deux et demi sont à la charge des parfumeurs musulmans et deux et demi à la charge des parfumeurs israélites.

L'étamage des cuivres de la sefra de l'Agha absorbe deux ziani et les trois autres sefra ont chacune un ziani.

Cette somme est perçue chaque année, au printemps, par les Oukil-el-Hardj des sefra et envoyée par eux aux chaudronniers d'Alger, qui se la partagent d'après leurs règlements.

Le blé délivré en rations s'élève à 267 mesures (saâ), savoir : 77 mesures sont employées à la confection du Berghel, pour toutes les sefra; 70 mesures servent à la confection du pain des chefs de la garnison, 120 mesures sont destinées à la confection du pain des soldats des quatre sefra, de manière que chaque sefra ait 60 pains; en sus de ces 120 mesures il est délivré 6 mesures pour remplacer la moins mesure occasionnée par la terre, les pierres, les ordures et les autres corps étrangers que renferme le blé.

Il est envoyé chaque jour, aux boulangers quatre mesures de blé nettoyé, plus cinq petits plats et demi de blé, pour qu'ils confectionnent dans la proportion sus-indiquée, les pains nécessaires aux soldats des quatre sefra.

Et salut.

S'il y a un excédant, il est remis au Khodja et au Chaouch.

Inscrit pour ce que de besoin.

Etrennes de courges.

A l'équinoxe du printemps, lorsqu'on apporte les courges à la Casbah, les citadins paient une étrenne de dix rial à chaque sefra, soit en tout 40 rial.

A l'époque où la garnison se divisait en deux sefra, cette étrenne n'était que de 20 rial, mais lorsque le nombre des sefra fut porté à quatre, l'étrenne fut fixée à 40 rial.
Inscrit ici pour ce que de besoin.

Etrennes de l'Oukil-el-Hardj de l'Agha.

Il reçoit le mercredi et le jeudi des étrennes de viande qui sont à la charge des bouchers et qui peuvent être remplacées par une allocation de 80 drihem. La table de l'Agha reçoit 12 pains et ceux qui ne sont pas consommés sont vendus au profit de l'Oukil-el-Hardj. Si l'Agha renonce pendant le mois de Ramdan à la fourniture de miel et de viande, pour le hachis qui lui est fait le mercredi, l'Oukil-el-Hardj les perçoit à sa place; le prix de la viande est fixé à 40 drihem par mercredi; cette redevance est à la charge des bouchers. Les cultivateurs sont tenus de fournir huit charges de bois pour le café de l'Agha; si cette quantité est insuffisante, le surplus du bois qu'ils livrent leur est payé à raison de 3/8e de rial. Le prix de cette fourniture supplémentaire est réparti entre les cultivateurs et leur est remis lors du paiement des étrennes appelées Aïd-el-Kosour.
Inscrit ici afin que l'on ne s'en écarte.

L'Oukil a droit à deux pains dont le prix lui est remis par le four et à une ration de trois pains comme marque distinctive de la considération qui est attachée au service de l'Agha; en tout cinq pains.
Inscrit pour ce que de besoin.

L'Oukil-el-Hardj du Bach-Belouk-Bachi a droit à cinq pains; trois lui sont remis pour les besoins de sa table et deux comme rémunération de la charge qui lui est confiée, d'ouvrir et de fermer la porte du fort; cet usage fut établi du temps de Mohamed-Agha, sur la demande et par les soins du Caïd Fatah-Allah; à cette époque, il fut alloué à l'Oukil-el-Hardj un supplément de deux mesures de blé à titre d'indemnité pour la surveillance de la porte du fort; nous ne contestons point ce droit et nous continuons de notre temps l'usage établi.

Salut.

Les étrennes des drapeaux sont établies ainsi qu'il suit :

Il est perçu sur les habitans de la ville, 50 ziani-boudjou; sur les cultivateurs, 60 ziani-boudjou; sur les juifs, 25 ziani-boudjou; sur la fraction des Guechema et par les soins du Caïd, 75 ziani-boudjou; sur la fraction des Bakda et par les soins du Caïd, 15 ziani-boudjou; sur l'Agha des Zouawa et par les soins du Caïd, 15 ziani-boudjou; sur le Caïd de la Casbah, 15 ziani-boudjou; sur les bouchers, 25 ziani-boudjou; sur le collecteur, 15 ziani-boudjou; sur le Mezouar, 15 ziani-boudjou.
Ces étrennes sont perçues pour 6 drapeaux; elles sont réparties entre les six principaux chefs, soit l'Agha, le Kikhia, le Bach-Belouk-Bachi, le Khodja; les deux Ouda-Bachi et le chaouch, et cela dans la proportion suivante : l'Agha deux portions, le Kikhia

une portion et demie, le Bach-Belouk-Bachi une portion, le Khodja une portion et demie, le premier Ouda-Bachi une portion le second Ouda-Bachi une portion et le chaouch une portion, Cette étrenne est exclusivement repartie entre les sept personnages dont la désignation vient d'être donnée. La portion attribuée aux Ouda-Bachi donnait jadis lieu à de fréquentes discussions, les Ouda-Bachi de la garnison relevée prétendaient conserver des droits sur cette étrenne pour l'année courante, tandis que ceux de la garnison nouvellement arrivée croyaient être fondés à la réclamer à partir du jour de leur installation, pour mettre un terme à ce différend, les parties prirent enfin l'arrangement suivant : les Ouda-Bachi de l'ancienne garnison n'ont droit qu'aux sommes perçues pendant la durée de leur service et cédent leurs droits à leurs remplaçants, pour celles dont l'échéance est postérieure au changement de la garnison. Cette convention mit fin aux contestations. Le Khodja est chargé de hisser le drapeau et un supplément de 5 boudjoux lui est alloué à titre d'indemnité pour cette besogne.

Vivres délivrés à la garnison lors de son arrivée.

Lors de l'arrivée de la garnison, il lui est livré 80 saâ de blé (mesure de la Casbah), pour la confection du berghel et des biscuits ; soit 20 saâ par sefra. Il est également délivré à chaque sefra 40 livres de beurre, 21 livres et demie d'huile et 30 livres d'olives. Chaque saâ de blé produit un quintal de biscuits ; chaque sefra remet aux boulangers six saâ de blé et ceux-ci lui rendent six quintaux de biscuits ; tels sont les vivres accordés aux sefra. Quant au surplus, il est joint aux autres allocations.

Inscrit pour ce que de besoin.

Chaque soldat (yoldach), reçoit trois pains et une demi-livre de savon ; tous les vendredis un supplément d'une demi-livre de savon et un drihem à titre de prix d'un fagot lui sont remis par le fournisseur de savon ; les soldats se partagent tout ce qui revient à leurs camarades décédés ou absents , à moins que cette absence ne soit autorisée ; toutefois le savon ne doit être délivré qu'aux présents , quant aux autres rations telles que pain, viande et autres, elles ne cessent jamais d'être délivrées et elles se partagent comme il a été dit : tels sont les usages adoptés pour les soldats.

Les jeudis, vendredis et mercredis, l'Agha fait remettre au Mahtessib (collecteur) l'excédant de viande et de légumes de chaque sefra.

Le Caïd et les habitants de la ville sont chacun responsables des vivres et des allocations qui sont à leur charge et sont tenus de combler les déficits qui pourraient être reconnus. Le règlement des comptes a lieu à la fin de chaque mois.

Le prix du beurre et celui de l'huile ont été fixés à un huitième de pataque-chique la livre. La ration d'huile d'un soldat étant d'une livre équivaut donc à un 1/8 de pataque et il en est de même de la ration de beurre. Cette ration ne doit pas être excédée ; l'Oukil-el-Hardj est chargé de veiller au recouvrement de ces allocations.

Inscrit afin que l'on ne s'en écarte.

L'allocation pour l'excédant de blé est fixée à trois quarts de rial. Les étrennes pour les fêtes et le Mouloud sont fixées à 22 pataques-chiques et demie et sont payées par le Caïd. Les intestins des moutons tués lors des fêtes sont abandonnés aux cuisiniers.

Les 22 pataques-chiques dont il a été parlé plus haut se répartissent de la manière suivante :

Un demi-pataque au Khodja, à la sefra de l'Agha, six pataques et 3/8 ; à la sefra du Kikhia cinq pataques et 5/8 . et cinq pataqeus à chacune des autres sefra.

Inscrit pour ce que de besoin.

Les Oukil-el-Hardj reçoivent des habitants de la ville le prix des rations d'olives et le remettent au Khodja qui en fait la répartition de la manière suivante : à la sefra de l'Agha, 4 rial ; à la sefra du Kikhia, 3 rial ; à la sefra du Bach-Belouk-Bachi, 2 rial et à la 4ᵐᵉ sefra 2 rial.

Cette allocation représente la contribution de chacune des portes ; l'Oukil-el-Hardj de la sefra de l'Agha reçoit la contribution de la porte dite Bab-ed-Derb ; celui du Kikhia la contribution de Bab-el-Fekha ; celui du Bach-Belouk-Bachi, la contribution de Bab-Effetah et celui de la 4ᵐᵉ sefra la contribution de Bab-el-Khouikha.

Le recouvrement de la contribution de la porte dite Bab-el-Messid est fait par l'Oukil-el-Hardj de la sefra de l'Agha.

Inscrit ici afin que l'on ne s'en écarte.

Les allocations payées par les citadins en remplacement des vivres qui ne sont pas livrés en nature, sont recouvrées par des Oukil-el-Hardj nommés à cet effet. Ils font des tournées chez les *Berbar* pour faire rentrer les sommes qui sont dues et leur mission dure de huit à dix jours ; il leur est accordé une indemnité d'un rial pour leur peine.

Inscrit ici afin que l'on ne s'en écarte.

Les allocations pour la viande sont fixées à 40 drihem (10 cent.) par quart de mouton ; le règlement des comptes est fait par l'Oukil-el-Hardj à la fin de chaque mois et cet agent est chargé de constater le nombre de rations de viande dont les bouchers sont encore redevables ; dans les mois où il se trouve cinq jeudis ou cinq vendredis, le Khodja pour éviter des complications de calcul abandonne à l'Oukil-el-Hardj ce qui revient pour le jour excédant.

Inscrit afin que l'on ne s'en écarte.

Lorsqu'une nouvelle garnison arrive à Biskara, les citadins l'hébergent pendant trois jours ; ils lui fournissent du pain et des dattes pour la journée et du kouskous le soir.

Iuscrit ici afin que l'on ne s'en écarte.

Lorsqu'une nouvelle garnison arrive à Biskara, l'ancienne garnison est réunie à la Casbah et reçoit quotidiennement les rations suivantes : l'Agha, huit pains ; le Kikhia, huit pains ; le Bach-Belouk-Bachi, huit pains ; le second Belouk-Bachi, huit pains ; le Khodja, huit pains ; le Bach-Ouda-Bachi et les Ouda-Bachi, quatre pains chacun ; les soldats, trois pains chacun et trois quarts de mouton, tous les jours de la semaine, à l'exception du jeudi, jour où ils reçoivent un mouton entier. Tel est l'ancien usage.

Inscrit ici afin que l'on ne s'en écarte.

La porte de la Casbah est gardée par deux soldats, appartenant l'un à la sefra de l'Agha et l'autre à la sefra du Kikhia, et la porte du fort est gardée par deux soldats appartenant l'un à la sefra du Bach-Belouk-Bachi et l'autre à la quatrième sefra.

Ces gardiens sont remplacés tous les jours.

Tel est l'ancien usage et il a été inscrit ici afin que l'on ne s'en écarte.

Prison.

La prison se trouve dans la sefra de l'Agha. Elle est destinée à satisfaire les exigences de la justice à l'égard des personnes condamnées soit par l'autorité, soit par le Caïd; lorsque le détenu est condamné par l'autorité, il est gardé la nuit par des soldats de la garnison appartenant aux sefra de l'Agha et du Kikhia et le jour par les Ouda-Bachi.

Inscrit afin que l'on ne s'en écarte.

Si les objets de poterie qui doivent être remis à la sefra comme contribution, ne lui sont pas nécessaires, son Oukil-el-Hardj se fait remettre en échange par la corporation des potiers une allocation d'un quart de rial.

Inscrit pour ce que de besoin.

Les Oukil-el-Hardj perçoivent des Scheikh cinq charges de bois pour la confection du berghel, si cette quantité n'est pas suffisante ils font donner un supplément; si le bois ne leur est pas nécessaire ils le font remplacer par une allocation d'un quart de rial.

Inscrit afin que l'on ne s'en écarte.

Chaque Oukil-el-Hardj perçoit du Caïd de la Casbah un quart de rial pour prix du sel; cette somme est affectée à l'achat du sel nécessaire aux besoins de la sefra et s'il y a un excédant, il est abandonné à l'Oukil-el-Hardj.

Inscrit ici afin que l'on ne s'en écarte.

Les sefra délivrent chacune une livre d'huile aux boulangers pour chaque ration, ainsi que c'est l'ancien usage. Inscrit ici afin que l'on ne s'en écarte.

L'allocation pour le bois que les Scheikh doivent livrer aux cuisiniers est fixée à un rial et demi, toutefois, le chef des cuisiniers de l'Agha a droit à un rial 3/4 à cause du supplément de bois qui lui est nécessaire le mercredi.

Les bouchers sont tenus de remettre aux cuisiniers et en remplacement des issues de moutons telles que tête, peau, cœur, intestins, autres que la viande, une allocation qui est fixée à un quart de rial (15 c.) pour le jeudi et 40 drihem (10 c.) pour les autres jours de la semaine. L'allocation d'un quart de rial se perçoit également, le cas échéant, sur le 5ᵉ jeudi du mois.

Le Caïd et le chef de la corporation des bouchers leur paient au même titre, et chacun en ce qui le concerne, un quart de rial, les jours de fête.

À l'occasion des fêtes, ils reçoivent du Caïd des étrennes dans la proportion suivante : deux rial à chaque cuisinier et quatre rial au cuisinier en chef. Ils reçoivent également de l'Agha un rial pour chaque cuisinier et deux rial pour le cuisinier en chef, du collecteur un quart de rial pour chacun d'eux et 3/8 de rial pour leur chef.

Le cuisinier de l'Agha reçoit des bouchers et par chaque ration un quart de rial pour les issues de moutons, excepté pour la ration du mercredi

Chaque cuisinier a droit à trois pains par jour qui sont remplacés par une allocation mensuelle, attendu qu'il prend sa nourriture dans la cuisine de sa sefra. Il est remis aux cuisiniers de la nouvelle garnison deux lampes, trois nattes et une cruche d'huile.

A l'occasion des fêtes, chaque cuisinier reçoit un quart de rial pour les issues des moutons tués dans cette circonstance, d'après l'ancien usage; cette allocation s'élevant à un rial est remise par le Caïd au Khodja qui la distribue par égale portion aux quatre cuisiniers qui se trouvent ainsi avoir un quart de rial.

Il est remis à chaque cuisinier une cruche, une petite cruche et une jarre pour sa chambre.

L'Iman de la mosquée de la Casbah reçoit toutes les semaines une demi-livre de savon. Il a droit à quatre pains par jour; nous ne contestons point cet usage et nous le continuons.

Les deux sefra fournissent à l'Iman quatre livres d'huile; cet usage que nous avons également trouvé établi est maintenu par nous.

Prix du blé.

Du temps de Dali-Agha et du Caïd-Moussa des discussions s'élevèrent au sujet de la fixation du prix du blé; une commission, composée des Scheikh, des notables de la ville et et du Caïd, s'assembla à ce sujet et fixa le prix du blé à trois quarts; à l'issue de cette décision, la Fateha fut récitée; après une nouvelle délibération nous avons maintenu l'ancienne fixation.

Le Bey fournit six rations, les Ziban en fournissent trois et les citadins en fournissent trois; les rations fournies lors du renouvellement de la garnison sont à la charge des citadins.

Impôts prélevés sur les dattiers.

D'après une décision, rendue par l'armée victorieuse, les propriétés acquises par nos enfants, antérieurement à ce jour, sont exemptées de l'impôt sur les dattiers, mais toutes celles qui, à l'avenir, passeront entre leurs mains, soit par achat, soit par héritage, soit enfin par constitution de dot, seront soumises à cet impôt, à l'égal des propriétés des Arabes.

La présente page est destinée à faire connaître cette décision.

Les biscuits (bechmath) sont déposés dans le fort de la ville de Biskara, et forment un approvisionnement pour les besoins de la garnison, en cas d'événements extraordinaires.

Entre la Casbah et le fort, du côté de Bab-el-Deriba, il existe un endroit appelé Harara, et qui renferme huit dattiers; le produit de ces arbres appartient aux maîtres-maçons; quiconque devient maître-maçon doit participer à la jouissance de ces dattiers.

Entretien de la Casbah.

En mil soixante-dix, le nommé Karra-Kouz possédait, à Bab-el-Deriba, un terrain sur lequel est actuellement le fossé de cette porte; il arriva, à cette époque, un écrit émané du pouvoir élevé, siégeant dans la ville bien gardée d'Alger, et qui ordonnait de réunir ce terrain aux biens du beylick. L'Agha loue ce terrain et en affecte les loyers à l'entretien de la Casbah et de son mobilier.

Inscrit pour ce que de besoin.

Etrennes des tanneurs.

Lorsqu'une nouvelle garnison arrive à Biskara, la corporation des tanneurs distribue, d'après les usages et règlements, les étrennes suivantes : à l'Agha, six livres de laine et trois peaux ; au Kikhia, quatre livres de laine et deux peaux, à chacun des autres chefs, tels que le Bach-Belouk-Bachi, le second Belouk-Bachi, le Khodja, les quatre Ouda-Bachi et le Chaouch, deux livres de laine et une peau. Si l'un de ces personnages n'arrive pas avec la garnison, sa portion n'en est pas moins délivrée.

Achour d'orge.

Les trois villages ci-après : Feliacha, Betsa et Krada, paient une dîme (achour) d'orge, à titre d'étrennes des drapeaux ; les sept personnages dont la désignation a été donnée plus haut, se partagent cette dîme, dans la proportion ordinaire, et d'après laquelle l'Agha a droit à deux portions.

Lors de la récolte des dattes, les trois villages nommés plus haut, versent une saa (mesure employée pour l'orge) de dattes. Cette imposition est répartie entre le Kikhia, le Khodja et le Chaouch. Salut.

Lors de l'arrivée d'une nouvelle garnison à Biskara, les habitans de Filiacha remettent, à titre d'*étrennes du drapeau*, seize poules ; les habitans de Kerada versent une contribution pareille. Ces étrennes sont réparties entre les sept personnages dont il a été parlé.

A l'époque de la récolte, les cultivateurs versent cinquante-deux livres de lin, trente-six livres de henna et dix-huit sacs de dattes. — Actuellement les villages de Filiacha et de Kerada versent chacun seize pièces de volaille. — Ces versements ont lieu à titre d'*étrennes du drapeau*, et sont partagés entre les sept personnages désignés plus haut.

D'après l'ancien usage, les citadins versent, au solstice d'été, une contribution de lait qui s'effectue de la manière suivante : pendant deux mois, ils fournissent, chaque soir, un djemelek de lait.

Lorsqu'un Belouk-Bachi reçoit l'ordre de partir pour Alger, il lui est délivré une selle, un cheval et deux chevaux munis de bâts ; des chevaux sont fournis par le Bey, ainsi que vingt livres de biscuits par bête de somme. — Le prix de location de ces chevaux est fixé à sept rial par cheval et doit être acquitté par le Caïd.

Lorsqu'un Bachi-Ouda est désigné pour aller à Alger, les citadins lui fournissent quinze ziani, et le Bey une *saâ* de blé pour biscuits.

Le Bachi-Thodji (canonnier en chef) a droit, chaque jour, à huit pains, dont trois servent à sa nourriture, et cinq sont convertis en une allocation qui lui est payée avec les autres. — Il a droit à une livre de savon par semaine : il lui est délivré deux jarres pour la provision d'eau.

Chaudron de l'État placé à la Casbah.

Il est alloué mensuellement cinq quarts et un huitième à la personne qui est chargée de réparer et d'entretenir en bon état le chaudron de l'État, placé dans la Casbah. Dans cette allocation sont compris l'étamage et la réparation de tous les objets en cuivre, tels que marmites et autres.

Il existe une rigole dans la partie supérieure du fossé de la porte dite Bab-el-Khouihha ; celui qui en pratiquerait une autre dans la partie inférieure encourrait des peines très-sévères.

Inscrit pour ce que de besoin.

Du temps de Khedeur-Agha, 25 livres de poudre ont été envoyées de la poudrière d'Alger et placées dans la poudrière de la Casbah, ainsi que l'était anciennement l'usage.

Lorsqu'il est envoyé d'Alger des ouvriers pour réparer les affûts des canons du fort de Biskara, il est alloué à chacun d'eux quatre pains par jour et une demi-livre de viande et tous les vendredis une demi-livre d'huile, une demi-livre de beurre salé et une demi-livre de savon.

Le gardien de la porte de la Casbah reçoit cinq quarts de rial sur les cinquante-deux rial et quart qui sont alloués aux sept principaux chefs.

Lors de la récolte des dattes, les citadins fournissent à chaque soldat un grand sac de paille.

Inscrit afin que l'on ne s'en écarte.

Quelques membres de la garnison, gens de bien, ont consacré des marmites et des assiettes aux besoins de cette garnison et cela à titre de habous.

Cette donation a été consignée dans le registre afin que les objets donnés ne soient pas détournés de leur destination.

Allocations perçues par les chefs en remplacement des pains auxquels ils ont droit.

L'Agha, 9 pataques-chiques et 1/2 ; le Kikhia, 6 pataques-chiques et 52 drihem ; le Khodja, 8 pataques-chiques et 48 drihem ; le chaouch, 2 pataques-chiques et 44 drihem ; le Bach-Belouk-Bachi, 3 pataques-chiques et 32 drihem ; le second Belouk-Bachi, 3 pataques-chiques et 28 drihem ; Bach-Ouda-Bachi, 2 pataques-chiques et 20 drihem ; le second Ouda-Bachi, 2 pataques-chiques et 20 drihem ; les Ouda-Bachi, 1 pataque-chique et 24 drihem ; prix de la plume du Khodja, 1 pataque-chique et 9 drihem, Oukil-el-Hardj du Bach-Belouk-Bachi, 1 pataque-chique et 20 drihem ; Oukil-el-Hardj de l'Agha, 1 pataque-chique ; Bach-Thobji, 2 pataques-chiques ; le gardien de la porte de la Casbah, 1 pataque-chique et 1/4.

Nul n'a le pouvoir de s'écarter de ces règles. *Signature :* Mohamed-Dey, prince d'Alger la bien gardée.

Dans le cachet qui est contre cette signature, se trouve le vers suivant emprunté au poème intitulé EL-BORDA : Celui dont les triomphes viennent du Prophète de Dieu est si puissant qu'à son aspect le lion se blottit tremblant dans sa tanière. *Au milieu de cette légende se trouve le nom qui suit :* Mohamed-ben-Otsman, année 1179 (1765).

Nota. — *Il existe un double des règlements qui précèdent, dressé à la date du 16 safar 1212 (1767), par ordre de Hassan-Pacha. En outre des anciennes dispositions, cette nouvelle copie renferme l'ordre suivant :*

Le sublime, le juste, le sage et bienfaisant Hassan-Pacha, notre seigneur et souverain, que Dieu lui fasse atteindre le but de ses désirs, considérant les nombreuses discussions auxquelles donne lieu entre les citadins, et la garnison, l'usage de convertir en argent les rations qui dépassent les besoins de la consommation, a décidé qu'à l'avenir, les rations de blé, de beurre et d'huile, mises à la charge de la ville, seront entièrement fournies en nature, sans qu'on puisse les convertir en numéraire. S'il se trouve, à la fin du mois, un excédant de vivres, les rationnaires pourront le vendre à qui bon leur semblera. Si les vivres délivrés ne suffisent pas, il ne pourra pas être accordé de supplément.

Quant aux contributions en argent, telles que les *étrennes de drapeau* et les *étrennes des fêtes*, elles sont maintenues et les citadins devront continuer à les payer comme par le passé et suivant les anciens usages.

Celui qui contreviendra à cet ordre ou qui cherchera ouvertement ou indirectement à le faire modifier en quoi que ce soit, et à faire changer ses vivres en numéraire, sera recherché, et, lors de son retour à Alger, il encourra le mépris et une peine sévère pour avoir enfreint les ordres du gouvernement.

Le présent ordre a été traduit de la langue turque en langue arabe, lettre par lettre, mot par mot, sans addition ni omission, et envoyé à la Djemâa (assemblée de notables) de la ville, afin qu'elle en connaisse les dispositions avec certitude et afin d'éviter toute fraude ou erreur, les deux parties ayant ainsi une règle unique. Salut. Écrit dans le milieu du mois de safar 1212 (1797).

Nota. — *Au bas se trouve la signature suivante :* Hassan-Pacha, prince actuel de la ville bien gardée d'Alger de l'Ouest.

Disposition additionnelle.

En cas de décès de l'un des principaux chefs, les étrennes seront perçues en entier et transmises intégralement au palais du gouvernement, à Alger.

CHAPITRE 5.

Evénements divers.

Une grande disette a régné cette année à Alger; le souverain Sid-Omar-Pacha, voulant soulager la population et venir à son aide, ordonna que dix mille mesures de blé, prises sur les approvisionnements du gouvernement, seraient distribuées sur les marchés, afin de faire descendre l'espérance et la confiance dans le cœur des adorateurs de Dieu. Ce blé fut réparti entre les divers boulangers, le prix de la mesure fut fixé à deux boudjoux et demi et il fut reconnu, après expertise, que chaque mesure devait produire cent vingt pains du poids de douze onzes chacun; le bénéfice du boulanger fut fixé à dix mouzounat par mesure (75 c.).

Le Pacha a donné force légale et exécutoire à cet ordre et il a chargé le Cadi-Hanafi de veiller à son exécution.

Consigné le 2 hidja 1230 (1815).

Dans le mois de chaâban de la présente année, un jeudi, il y eut une grande discussion dans le Medjelès et les Eulama échangèrent des paroles irritantes; le lendemain, vendredi, dans la matinée, après la prière et conformément aux règles tracées pour les réceptions, Hadj-Ismaël-ben-Sfindja, Cadi-Hanafi et membre du Medjelès, se fit admettre chez le Pacha et lui rendit compte de ce qui s'était passé; le Pacha prononça sur le champ la destitution du Muphti-Hanafi, Sidi-Mohamed-ben-el-Anabi et du Muphti Maleki, le Scheikh Sidi-Ali-ben-el-Amin et les remplaça, le premier par Sidi-Ahmed et le second par Sidi-Mohamed-ben-el-Haffaf. Puisse faire Dieu, dont les œuvres sont magnifiques, que leur nomination soit fortunée, amen.

Écrit le vendredi, premier jour de chaâban 1226 (1811).

L'an mil deux cent vingt-six (1811), dans les premiers jours du mois de chaâban, il a paru dans le firmament, du côté du Nord, une étoile ayant une longue trainée de lumière; elle fut visible pendant quarante jours et disparut ensuite. Fasse Dieu que son apparition soit un présage de bonheur.

Des actes d'hostilités ont été commis dans les provinces de l'Ouest par suite de l'apparition d'un agitateur; celui-ci a été tué et sa tête a été apportée à Alger et exposée à la porte extérieure du palais, à la Casbah, 1234 (1818).

Le quatorze du mois de redjeb, 29 mai, de l'année 1231 (1816), un lundi, à quatre heures du soir, il a fait de violents tonnerres pendant trois heures et demie.

Le 15 moharem, 23 novembre 1232 (1817), dans la nuit du jeudi, il a tonné violemment pendant deux heures.

Le mercredi, septième jour du mois de redjeb 1240 (1824), quatre heures après le coucher du soleil, un violent tremblement de terre a renversé Blidah; un grand nombre de personnes ont trouvé la mort sous les décombres.

Le fanal du port (phare) a été emporté par un coup de foudre dans la nuit du 12 du mois de rabia-l'ouel, 25 février 1229 (1814), anniversaire de la naissance du Prophète.

L'an mil deux cent quarante-trois (1827), le septième jour du mois de rabia'ttani, un samedi, trois heures après le coucher du soleil et par la puissance de Dieu, souverain des cieux élevés, il s'est manifesté au ciel une lumière éclatante, éclairant l'Univers. Or, à ce moment, il s'était engagé à Navarin contre les mécréants, fourbes et maudits, un combat naval qui se prolongea jusqu'à ce que le parti de la Foi eût remporté la victoire. Cela a eu lieu, dans ladite nuit du samedi, 7e jour de rabia'ettani 1243.

Le 22 chaâban 1191 (1777) Mohamed-Pacha a déposé dans le trésor une caisse pesant 81 et renfermant approximativement deux mille pièces.

Le 6 choual 1191, Mohamed-Pacha a versé au trésor 25 sacs renfermant chacun mille mahboub (pièce de 4 fr. 05) et peut-être plus.

Le 6 choual 1191, Mohamed-Pacha a également versé au trésor deux caisses renfermant chacune 20,000 sultanis d'or (108,000 fr.).

Le 23 choual 1201 (1787), Mohamed-Pacha a versé au trésor la somme de 60,000 boudjoux (108,000 fr.), lui appartenant en propre, comme étant le montant de l'étrenne appelée Bechmak ou prix de souliers et donnée par les espagnols pour prix de la conclusion de la paix.

Il a versé au trésor, sultanis d'or 40,000 (216,000 fr.), puis 30,000 sultanis d'or (162,000 fr.), puis 12,500 sultanis (67,500 fr.) et 82,500 mahboub d'or (334,135 fr.).

Mohamed-Pacha a également versé au trésor deux caisses renfermant un nombre inconnu de sultanis. — 1195 (1761).

Sous le règne de notre seigneur Hadj-Chaâban-Effendi, a été envoyée de Tunis, pour être gardée au palais à titre de dépôt, une somme d'argent dont le détail suit, acompagnée d'une lettre faisant connaitre qu'elle provient de Livourne, et que 300 rial appartiennent à Youb-Chaouch.

Le montant de ce dépôt a été reconnu par les témoins dont les noms suivent : Mustapha-Khodja Mekatâadji (secrétaire); El-Madj-Mohamed, interprète des arabes à Alger ; Mohamed-Khodja-Mekataâdji (secrétaire); Ali-Khodja-Bach-Deftar (secrétaire) et Hadj-Mohamed-Assaker.

Montant du dépôt.

Boudjoux,	171.
Rial-seghar,	255.
Sultanis d'or,	54.

(NOTA. — Suit la signature du Dey-Chaâban contre laquelle se trouve l'empreinte d'un cachet portant cette légende : *ô Dieu impénétrable et miséricordieux, délivre-moi de ce que je puis craindre, ton adorat.ur, Chaâban*), — 1103 (1692).

L'an mil cent quatre (1693), dans le commencement du mois de rabia'ettani, notre souverain Hadj-Chaâban-Dey, assembla ses troupes devant son auguste personne, afin de les organiser et leur donna des règlements d'après lesquels les turcs et les enfans de turcs (coulougli) seront traités sur un pied égal sans que les uns puissent être favorisés aux dépens des autres; il fixa un mode régulier et progressif d'avancement pour parvenir au maximum de la solde qui est de 80 saïma et se nomme Saksan.

Ces mesures sont un gage pour tous et ont pour but le bien de chacun.

Écrit dans le commencement de rabia'ettani 1104 (1693), signé : Youssef-Agha des janissaires d'Alger, Mustapha-Kikhia des janissaires d'Alger, Hadj-Chaâban, dey respecté de la ville bien gardée d'Alger de l'Ouest.

Le 24 djoumendi 1232 (1817), le Sid-Mohamed-ben-el-Anabi, Cadi-Hanafi, est parti en ambassade auprès du Sultan.

Un ambassadeur de Tunis auprès de notre Oudjak est arrivé le 21 chaâban 1238 (1822).

Le 20 choual 1232, est décédé Hassaïn le rénégat, cafelier du Pacha, que Dieu lui fasse miséricorde, lequel a laissé la succession suivante :
310 Mahboub, 268 douros en argent, 246 sultanis en or et 16 doublons en or.

Source d'eau du Hamma.

Si l'on recherche, la source de l'eau du Hamma, l'on reconnaît qu'elle sort de deux endroits : du côté du Sud elle jaillit de dessous la mosquée et du côté de l'Ouest elle sort de dessous la montagne; ces deux cours se rejoignent dans une caverne; dont la porte est bouchée; de cette caverne le cours d'eau va à un regard nouvellement construit et rentre de nouveau dans la caverne, entre le regard et la caverne il y a une distance de douze longueurs de pied; dans la caverne se trouvent deux regards : l'un qui est tout à fait au fond et l'autre qui donne dans un conduit, près de la coupole (kobba), et entre cette coupole et la caverne, au-dessous du regard est un conduit qui amène l'eau au-dessous de l'école; ce conduit passe sous le regard et rentre ensuite dans la caverne.
Écrit en 1173 (1759), sous le règne d'Ali-Pacha, qui ordonna des recherches au sujet de la source d'eau du Hamma et fit faire des constructions dans le but de mériter des recompenses de la part du souverain des adorateurs et des créatures et sa miséricorde éternelle.

Le Sid-Mohamed-Pacha, que Dieu le comble de bienfaits, résolut d'amener à Alger et avec l'aide de Dieu notre souverain, les eaux de la source du Hamma; il consulta à ce sujet les gens experts, les maîtres ouvriers et le Khodjet-el-Aïoun et obtint un avis favorable à cette entreprise ; en conséquence les ouvriers ont commencé avec ardeur à creuser les conduits et à les revêtir de maçonnerie et les continueront jusqu'à Alger. Que Dieu facilite leur travail.
Écrit le 7 choual 1203 (1788).

Construction du pont de l'Oued-Chelif.

Le Hadj-Ali-Pacha ordonna à son ministre Omar-Agha de faire construire un pont sur l'Oued-Chelif. Ce travail fut confié à des ouvriers et à des manœuvres, savoir : plus de trois cents musulmans et cent soixante-sept esclaves mécréants de la nation grecque. Il fut travaillé à ce pont, pendant deux mois, jour et nuit, et il se trouva achevé le 30 redjeb 1229 (1814).

L'an mil deux cent vingt-sept (1812), le dixième jour du mois de redjeb, sous le règne du sublime Hadj-Ali-Pacha, le portique du palais a été reconstruit en marbre magnifique. Puisse Dieu bénir ce changement !

Mémoire des frais auxquels ont donné lieu la confection des ceintures destinées à être envoyées en cadeau :
48 Ceintures ; 869 onces de soie à 5/8 de rial l'once; 57 onces d'or à raison de 3 rial et 1/2 (2 fr. 10 c.) l'once; 14 onces d'argent à raison de 3 rial l'once (1 fr. 80 c.).

Quant aux drapeaux, la soie coûte 3/8 de rial la coudée.
Tel est l'usage.
Consigné ici pour ce que de besoin.

Travaux faits par les fileurs du Beylik pour les étrennes envoyées à Constantinople. Écrit dans les premiers jours du mois de choual 1104 (1693).
Soie employée pour les broderies, les garniture et les bordures, 221 onces; soie à coudre, 21 onces.

Salaire des maîtres passementiers.

Les matières sont fournies par le Beylik et il ne saurait être question ici que de la main-d'œuvre.
Bordure des couvertures rouges, 2 rial chacune (1 fr. 20 c.); bordure des couvertures en drap, 7 rial (4 fr. 20 c.); ganses, 2 rial (1 fr. 20 c.); franges de couverture, 1 kherouba les trente coudées; monture des chapelets de luxe, en corail, à double chaîne, 3 rial, (1 fr. 80 c.); chapelets demi-luxe, 2 rial (1 fr. 20 c.); chapelets simples, 1 rial et 1/2 (90 c.).

Haïk rouges à envoyer en cadeau, à Constantinople.

Nous avons remis aux travailleurs 167 livres de laine qui ont été réduites par le déchet à 93 livres et employées à la confection de huit haïk rouges.
Nous leur avons donné deux mesures d'huile.

Monnaies.

L'alliage des monnaies qui sont frappées à la fabrique du gouvernement doit être composé de la manière suivante : sur cent livres de matière il doit y avoir 60 livres d'argent pur, et 40 livres de cuivre. Tel est le règlement et il est consigné ici afin que l'on ne s'en écarte.

L'on peut également composer l'alliage de la manière suivante : 65 livres d'argent et 35 livres de cuivre.

Les ouvriers employés à la confection des monnaies, touchent quatre cents saïma par quintal de monnaies; les 24 juifs employés à l'hôtel des monnaies reçoivent sur les fonds du palais 2 rial (1 fr. 20 c) par jour.

Salaire pour l'or.

Une livre de sultanis, 6 rial (4 fr 80 c.); une livre de demi-sultanis, 5 rial (3 fr.); une livre de quarts de sultanis, 3 rial (1 fr. 80 c.).

Est également opéré l'alliage suivant : une livre d'argent et trois livres de cuivre; mais ce titre n'est pas d'un cours forcé ici et n'est obligatoire que pour les arabes dans leurs relations avec les Bey.

Le déchet subi par les matières est fixé ainsi qu'il suit par les anciens règlements :
Pour chaque quintal, quatre livres et six onces.
Tel est le déchet légal et que l'on doit admettre.

Autre titre. — L'on prend 70 livres de diverses pièces en argent mélangé et l'on y ajoute 30 livres d'argent pur; avec cet alliage, l'on frappe des monnaies.

Autre titre. — L'on mélange 60 livres d'argent pur , avec 40 livres d'argent mélangé.

L'an mil cent (1686), dans le mois de moharem , notre sublime Seigneur décida qu'il serait frappé des draham-seghar en cuivre (60 c.) et confia l'exécution de cet ordre à Hadj-Omar , directeur de la monnaie , à Hadj-Mohamed-Ettounessi , aux plus habiles ouvriers juifs et aux changeurs. La méthode suivante fut adoptée par eux : dix quintaux de cuivre rouge sont réduits à cinq par l'épuration ; sur chacun de ces cinq quintaux, il est pris 65 livres pour la confection des draham-seghar : le surplus, soit 35 livres, est impropre à être converti en monnaie et est destiné à être mélangé avec de l'argent ainsi qu'il a été expliqué plus haut.

Le meilleur alliage est le mélange suivant : 60 livres d'argent pur sont mêlées avec 40 livres de vieilles monnaies; avec cet alliage l'on frappe les monnaies.

Cela se pratique ainsi actuellement.

Sous le règne d'Ali-Pacha, il fut ordonné au directeur de la monnaie , à l'Oukil-el-Hardj, aux ouvriers juifs et Sahab-Ettabaâ, de frapper des quarts de boudjoux (45 c.) et des huitièmes de boudjoux (22 c.) en argent; le salaire de chacun fut fixé ainsi qu'il suit : 29 choual 1172 (1758).

Pour chaque sac pesant 10 livres.

A l'Amin, 10 rial (6 fr); à l'Oukil-el-Hardj , un rial (60 c.); aux ouvriers juifs, 20 rial (12 fr.).

Au Sahab-Ettabaâ, pour chaque quintal , 21 rial (12 fr. 60 c.).

Au Rakem-Ettabaâ (1) par quintal. 77 rial.

Par quintal. — A l'Amin , 100 rial (60 fr.); aux ouvriers juifs, 200 rial (120 fr); à l'Oukil-el-Hardj, 10 rial (6 fr.); au Sahab-Ettabâa, 21 rial (12 fr. 60) ; au Rakem-Ettabaâ , 17 rial.

Salaire des monnaies frappées pour les Bey. 28 Chaâban 1175 (1761).

Pour chaque quintal l'Amin reçoit deux livres d'argent mélangé et l'Oukil-el-Hardj , une demi-livre de la même matière.

Par quintal 86 rial (27 fr. 60 c.).

Blanchiment des monnaies.

D'après les règlements, le salaire des ouvriers juifs pour le blanchiment des monnaies par le feu est fixé à 5 rial (3 fr) par 1000 rial, lorsque l'opération a lieu pour le compte des Bey et des Caïd.

Mais lorsque le blanchiment est fait pour le palais, il ne touchent que 3 rial par 1000 rial passés au feu (1 fr. 80 c).

Tel est le règlement consigné ici afin que l'on ne s'en écarte

Fers de chevaux.

Le prix d'un grand quintal de fer est de 28 rial (16 fr. 80) ; le déchet que fait éprouver le feu est de 18 livres; il reste donc 82 livres avec lesquelles on fabrique des fers pour petits mulets du poids de dix onces ; les dépenses de charbon et de façon, calculées

---

(1) Le Sahab-Ettabaâ et le Rakem-Ettabaâ étaient les ouvriers chargés de graver les légendes des moules et d'entretenir les poinçons.

par livre, se montent à 14 drihem ; en ajoutant à cette somme le prix des onces précitées, l'on trouve 58 drihem, auxquels on ajoute 14 drihem pour complément de façon. En tout 72 drihem

Les fers de chevaux pèsent 15 onces ; les dépenses de charbon et de main-d'œuvre, calculées par livre, se montent à 14 drihem, qui, joints au prix desdites onces, font 88 drihem, et en y joignant 11 drihem pour complément de façon, l'on a une dépense totale de 102 drihem.

Les fers de grands mulets pèsent 14 onces ; les dépenses de charbon et de main-d'œuvre, calculées par livre se montent à 14 drihem, qui joints au prix desdits onces, donnent 82 drihem, et en y joignant 14 drihem pour faire compléter la façon, l'on a une dépense totale de 96 drihem.

Les fers pour bêtes de somme sont forgés à Cherchell et le métal nécessaire à cette fabrication est envoyé dans cette ville par les soins du Khodjet-el-Kheil.

100 livres de fer doivent produire cent fers, déchet compris.

100 livres de fer doivent produire 8000 clous.

Prix du transport à dos de mule, de 100 fers : un demi-rial (30 centimes).

Prix du transport de 1000 clous, un huitième de rial et un kherouba.

Salaires pour la fabrication nouvellement ordonnée des 1/4 et des 1/8e de boudjoux.

Au directeur de la monnaie et à l'Oukil-el-Hardj, par sac, 11 rial (6 fr. 60 c.); aux ouvriers juifs, déduction faite d'un quart de livre pour déchet, 21 rial 1/2; au Sabab-Ettabaâ, par quintal 21 rial de 1/8; au Rakem-Ettabaâ, par quintal 17 rial.

Le directeur de la monnaie perçoit sur chaque dix livres de 1/4 et 1/8e de boudjou, 5/4 de boudjou.

Prix de façon payé au tourneur qui fait les tampons de mortiers.

Les grands, 3 rial (1 fr. 80 c.) le cent, et les petits, un rial et 1/2 (90 c.) le cent.

Écrit en moharem 1198 (1784).

Le constructeur de navires (Maâllem-Essaïn), reçoit pour chaque navire neuf un boudjou (1 fr. 80 c.) par aviron.

Le constructeur des navires (Maâllem-Essaïn) reçoit pour chaque navire lancé à la mer cent rial (60 fr.). — 1217 (1802).

Il reçoit du capitaine du navire lancé, cent rial.

12,765 livres de cuivre.

Mohamed-Pacha a acquis dans le but de faire fondre des canons pour les forts, du cuivre rouge provenant d'une capture faite par la balancelle du Maâllem-Essefaïn (constructeur de navires), et qu'il a payé à raison de cent rial (60 fr.) le quintal.

22 choual 1192 (1788).

Il a également acquis pour le compte du Beylik, de la colophane à raison de 18 pataques (10 fr. 80 c.) le quintal. 1199 (1785).

Est arrivé d'Angleterre un navire anglais, apportant 50 canons en fer, achetés sous le règne de Mohamed-Pacha pour le compte du gouvernement, savoir :

28 canons du calibre de 12, pesant chacun 22 quintaux, soit 64,565 livres en tout.

6 canons de 6, pesant chacun 12 quintaux soit en tout 7961.

16 canons de huit, pesant en tout 34,950 livres.

En tout 1074 quintaux et 75 livres.

En paiement, de ces canons il a été donné cinq mesures de blé par quintal de fer.

Écrit le 25 safar 1192 (1778).

Il a été acheté au capitaine de ce navire trois ancres au prix de cinq mesures de blé par quintal de fer.

Blé donné en paiement des canons, 5373. Blé donné pour les ancres 5506. Ce blé a été pris à Bône. — 25 safar 1192 (1778).

Est arrivé de Gibraltar un navire apportant cinq canons en cuivre, achetés par le gouvernement, moyennant 28 mesures de blé par quintal.

Le 1er canon pèse 6562 livres.

Le 2e — 6562.

Le 3e — 6105.

Le 4e — 6900.

Le 5e — 6562.

————

32691.

Le sultan Mahmoud a eu un fils qui a été nommé sultan Soliman; cela a eu lieu sous le règne de Hassaïn-Pacha; il est arrivé de Constantinople un message illustre annonçant cette nouvelle; Hassaïn-Pacha a ordonné d'augmenter d'une saïma la solde des troupes.

Mois de safar 1233 (1818).

Le Sultan, que Dieu le rende victorieux, a eu un garçon; Hassaïn-Pacha, notre seigneur, a ordonné d'augmenter d'une saïma la solde des troupes pour célébrer cette naissance.

Choual 1234 (1819).

Le sultan Mohamed a eu un enfant. Une augmentation de solde d'une saïma pour les troupes a été ordonnée.

Safar 1237 (1821).

Le sultan Ahmed a eu un enfant. La solde des troupes a été augmentée d'une saïma.

Chaâban 1237 (1821).

Le sultan Abd-el-Mudjid a eu un enfant. Hassaïn-Pacha a ordonné d'augmenter d'une saïma la solde de ses troupes.

Rabia 1239 (1823).

Le sultan Abd-el-Hamid a eu un enfant. La solde des troupes a été augmentée d'une saïma.

21 Rabia 1242 (1826).

Le sultan Mustapha-Khan est parvenu au pouvoir dans le mois de safar 1171 (1757) et a régné pendant 16 ans; lors de son avénement il a adressé un message à Alger et le Pacha a augmenté d'une saïma la solde des troupes, en marque de réjouissance.—1171.

Le sultan Abd-el-Hamid-Khan est parvenu au pouvoir, le huitième jour du mois de kiada de l'année 1187 (1783). Il a envoyé un message à Alger et le Pacha a donné aux troupes une saïma de solde.

Le sultan Selim-Khan est parvenu au pouvoir le 12 redjeb 1203 (1788).

Mohamed-Pacha est décédé le 13ᵉ jour du mois de kiada 1205 (1790). Le Sid Hassan, trésorier, a été placé sur le trône le même jour. Puisse son avénement être béni ! il a revêtu le caftan, et a payé à chacun des quatre écrivains du palais, quatre sultanis en sus de l'étrenne ordinaire qui est de six sultanis ; il a également gratifié les autres serviteurs d'une augmentation d'étrenne. Que Dieu bénisse son règne ! Mustapha-Belouk-Bachi l'a remplacé dans ses fonctions de trésorier du palais.

Hassan-Pacha est décédé le mercredi, 9ᵉ jour de rabia 1212 (1797). Le Sid Mustapha, trésorier, a été nommé Dey et placé sur le trône.

Hadj-Ali-Pacha a été égorgé dans les bains de ses appartements particuliers au palais et remplacé par le trésorier, Hadj-Mohamed. 11 Redjeb 1238 (1815).

Hadj-Mohamed-Pacha a été tué le 28 redjeb de ladite année et remplacé par Omar-Agha.

Omar-Pacha a été tué et remplacé par Ali-Pacha. 26 Choual 1232 (1817)

Ali-Pacha est décédé et a été remplacé par Hussein, Khodjet-el-Kheil, le dimanche, 23 du mois de rabia'ettani 1233 (1818).

Liste des Pachas d'Alger, à partir du jour où ils cessèrent d'être envoyés de Constantinople et furent élus par les troupes de cette ville.

Hadj-Hassaïn-Mezzo-Morto-Pacha, nommé en 1096 (1686) et mort en 1122, après un règne de 26 ans.

Ali-Pacha-Sekady, nommé en 1122 et mort en 1129 (1717).

Nota. — Cette chronologie semble inexacte et paraît devoir être rétablie ainsi qu'il suit :

Mezzo-Morto, 1094 ; Hadj-Chaâban, 1100 ; Hadj-Ahmed, 1105 ; Kara-ben-Aly, 1107 ; Atehz-Mustapha, 1113 ; Schérif, 1117, Mohamed-Baktach, 1119 ; Dely-Braham, 1122 ; Aly, 1122. — *N. d. t.*

Mohamed-Pacha, nommé en 1129 (1717), tué sur le chemin du port en 1136, après 7 ans de règne.

Abdy-Pacha, nommé en 1136 (1714) et mort en 1145, après 9 ans de règne.

Abrahim-Pacha-el-Kebir, nommé en 1145 (1723) et mort en 1158, après 13 ans de règne.

Abrahim-Pacha-Esseghir, nommé en 1158 (1736) et tué en 1161, après trois ans de règne.

Mohamed-Pacha, nommé en 1161 et tué en 1168, après 7 ans de règne (de 1743 à 1754).

Aly-Pacha-Melmanli, nommé en 1168 (1754) et mort en 1179 (1765), après 11 ans de règne.

Baba-Mohamed-Pacha, nommé en 1179 (1765) et mort en 1205 (1790), après 26 ans de règne.

Hassan-Pacha, ex-oukil-el-hardj à la marine, nommé en 1205 1790) et mort en 1212 (1797), après 7 ans de règne.

Mustapha-Pacha, nommé en 1212 (1797) et tué en 1220 (1805), après 8 ans de règne.

Ahmed-Pacha-Boulali, nommé en 1220 et tué en 1223 (1808), après 3 ans de règne.

Aly-Pacha-Boursali, nommé en 1223 et tué le 27 moharem 1224 (1809), après 4 mois de règne.

Hadj-Aly-Pacha, précédemment trésorier, nommé en 1224 et égorgé dans les bains de ses appartements, le 11 redjeb 1230 (1815), après un règne de 6 ans.

Hadj-Mohamed-Pacha, ancien trésorier, nommé le 11 redjeb 1230, tué le 28 redjeb 1230, après un règne de 17 jours.

Omar-Pacha, ancien agha des arabes, nommé le 28 redjeb 1230, tué le 26 choual 1232 (1817), après 2 ans de règne.

Ali-Pacha, beau-frère de Ben-Malek, nommé le 26 choual 1232, mort le dimanche, 23 de rabia'tani 1233, après un règne de six mois ; le siége du gouvernement a été transféré à la Casbah, le 22 hidja 1232 (de 1817 à 1818).

Hassaïn-Pacha, ancien Khodjet-el-Kheil, nommé le 23 du mois de rabia'tani 1232 (1818).

Hamouda, pacha de Tunis est décédé et a été remplacé par son frère Osman-Pacha, le 12 choual 1229 (1814).

Osman, pacha de Tunis, a abdiqué en faveur de son fils Mahmoud-Pacha. Hidja 1220 (1815).

L'an 1104, le lundi, 27 du mois de choual (1693), le Hadj-Chaâban-Gomdji a été nommé bey de Tittery et a revêtu le caftan.

Dans les premiers jours de safar 1105 (1694, un vendredi, Ali-ben-Ettounessi a été nommé bey de Tittery et a revêtu la khelaâ.

L'an 1105, dans les premiers jours du mois de moharem, un vendredi, le caïd Mahmoud, frère du caïd de Cherchell, a été nommé caïd de l'outhan de Cherchell et a revêtu le caftan.

L'an 1105 (1694), le jeudi, sixième jour de rebia-el-ouel, le Hadj-Chaâban-Gomdji a été nommé bey de l'Est, suivant l'ancien usage, et a revêtu le caftan.

L'an 1106 (1695), le jeudi, vingt-cinquième jour de redjeb, le caïd Ali-ben-Azouz, a été nommé caïd de l'outhan des Beni-Khelil et a revêtu le caftan.

L'an 1104 (1693), le jeudi, quatrième jour du mois de ramdan, Yourtass-Mohammed-Yabachi a été nommé agha de Tlemsen et a revêtu le caftan.

L'an 1104, le jeudi, vingt-unième jour de moharem, Mustapha-ben-Hassan a été nommé caïd de Cherchell et a revêtu le caftan.

L'an 1104, le vendredi, vingt-cinquième jour du mois de moharem, le Hadj-Mohammed-Ettrabelsi a été nommé bey de l'Est et a revêtu le khelaâ.

L'an 1104 (1693), le jeudi, premier jour du mois de djoumadi-el-ouel, Ahmed-oud-Bachi, beau-frère de Hassaïn-Hakem de Milianah, et a été nommé bey de l'Ouest et a revêtu le khelaâ.

L'an 1104 (1693), le dimanche, vingt-septième jour du mois de chaâban, Ferhat-Esseghir-ben-Ahmed de la djemaâ des Aribi-ben-Etthelibi, a été nommé schieckh de Kechtoula, suivant l'ancien usage; il a versé au trésor, pour l'impôt appelé bechmak, 2.200 rial 1.320 fr.), et a donné aux troupes une étrenne de 630 rial (378 fr.).

Écrit le 27 chaâban, 1104.

CHAPITRE 6. — § 1er.

Recensement annuel des esclaves chrétiens.

Date	Nombre	Date	Nombre
24 Safar 1149 (1736).	1063	2 Hidja 1191 (1777)	1501
26 Hidja 1450 (1737)	931	21 Hidja 1192 (1778)	1369
27 Hidja 1151 (1738)	705	21 Choual 1193 (1779)	1481
8 Redjeb 1152 (1739)	569	23 Hidja 1194 (1780)	1494
28 Hidja 1153 (1740)	412	26 Hidja 1195 (1781)	1586
29 Hidja 1451 (1741)	499	15 Hidja 1196 (1782)	1532
Hidja 1155 (1742)	530	21 Hidja 1197 (1783)	1507
16 Choual 1156 (1743)	582	19 Hidja 1198 (1784)	1520
15 Hidja 1157 (1744)	739	30 Hidja 1199 (1785)	1372
6 Hidja 1158 (1745)	741	30 Hidja 1200 (1786)	1426
30 Hidja 1459 (1746)	783	21 Hidja 1201 (1787)	572
16 Hidja 1460 (1747)	821	18 Hidja 1202 (1788)	574
22 Hidja 1161 (1748)	1003	28 Hidja 1203 (1789)	659
21 Hidja 1162 (1749)	950	19 Hidja 1204 (1790)	715
29 Rebia 1163 (1750)	1063	13 Hidja 1205 (1791)	762
24 Safar 1164 (1751)	1773	14 Choual 1206 (1792)	832
13 Hidja 1165 (1752)	609	17 Hidja 1207 (1793)	755
28 Hidja 1166 (1753)	632	8 Chaâban 1208 (1794)	779
13 Hidja 1167 (1754)	591	14 Hidja 1209 (1794)	896
26 Hidja 1468 (1755)	564	18 Hidja 1210 (1795)	730
23 Hidja 1469 (1756)	694	27 Hidja 1211 (1796)	659
13 Hidja 1170 (1757)	1561	25 Hidja 1212 (1797)	546
27 Hidja 1471 (1758)	1571	22 Hidja 1213 (1798)	1468
18 Hidja 1172 (1759)	1753	12 Hidja 1214 (1799)	1019
28 Hidja 1173 (1760)	1941	14 Chaâban 1215 (1800)	860
13 Hidja 1174 (1761)	1993	14 Hidja 1216 (1801)	545
25 Hidja 1175 (1762)	1902	25 Rebia 1217 (1802)	772
25 Hidja 1476 (1763)	1900	12 Choual 1218 (1803)	946
23 Hidja 1477 (1764)	1920	18 Choual 1219 (1804)	901
24 Hidja 1178 (1765)	1904	27 Choual 1220 (1805)	1022
27 Hidja 1179 (1765)	1944	23 Choual 1221 (1806)	1228
13 Hidja 1180 (1766)	2004	26 Choual 1222 (1807)	1267
28 Hidja 1181 (1767)	2062	15 Choual 1223 (1808)	1422
24 Hidja 1182 (1768)	1431	Choual 1224 (1809)	1545
15 Hidja 1183 (1769)	1226	Choual 1225 (1810)	1357
13 Hidja 1184 (1770)	1323	Choual 1226 (1811)	1345
21 Hidja 1185 (1771)	1320	Choual 1227 (1812)	1475
21 Hidja 1186 (1772)	1190	Rebia 1228 (1813)	1656
3 Hidja 1187 (1773)	1326	Choual 1229 (1814)	1525
3 Hidja 1188 (1774)	1376	30 Hidja 1230 (1815)	1450
26 Hidja 1189 (1775)	1373	Chaâban 1231 (1816)	1016
26 Hidja 1190 (1776)	1468		

Recensement des esclaves par nation.

En 1188 (1774) :
Portugais, 144 ; Corses, 15 ; Livournais, 7 ; Français, 211 ; Piémontais, 29; Romains, 5 ; gens de Doubra, 1 ; Autrichiens, 42; Napolitains, 191; Génois, 34; gens de Tabarka, 17 ; Sardes, 11 ; gens de Palma, 5; Maltais, 4 ; Grecs, 4; Espagnols, 656.

En 1189 (1775) :
Corses, 14 ; Livournais, 3 ; Portugais, 161 ; Français, 218 ; Piémontais, 29 ; Romains, 5 ; gens de Doubra, 1 ; Autrichiens, 42 ; Napolitains, 286 ; Génois, 34 ; gens de Taberka, 12 ; Sardes, 14 ; gens de Palma, 5 ; Maltais, 3 ; Grecs, 3 ; Espagnols, 666.

En 1192 (1778) :
Français, 248 ; Espagnols, 781 ; Napolitains, 195 ; Siciliens, 40 , Hollandais, 5 ; Grecs, 4 ; Sardes, 13 ; Portugais, 155 ; Corses, 20 ; Génois, 32 ; Livournais, 55 ; gens de Tabarka, 12 ; Autrichiens, 38 ; gens de Palma, 6 ; Piémontais, 25 ; Romains, 4 ; Maltais, 2 ; Prussiens, 5.

En 1194 (1780) :
Espagnols, 830 ; Napolitains, 161 ; Français, 248 ; Portugais, 15. Siciliens, 3 ; Autrichiens, 38 ; Corses, 1 ; Piémontais, 42 ; Prussiens, 2.

En 1199 (1785) :
Espagnols, 882 ; Hollandais, 5 ; Grecs, 4 ; Sardes, 16 ; Génois, 64 ; Livournais, 32 ; gens de Palma, 8 ; Portugais, 15 ; Maltais, 3 ; gens de Tabarka, 9 ; Flamands, 4 ; Français, 246 ; Napolitains, 167 ; Autrichiens, 48 ; Siciliens, 44 ; Corses, 10 ; Romains, 1 ; Piémontais, 55 ; Prussiens, 5.

En 1201 (1787) :
Espagnols, 886 ; Américains (gens dont le pays est du côté de l'Inde), 21 ; Russes (capture de Salah-Raïs-Gharnaouth en 1200), 18 ; Piémontais, 40 ; Romains, 8 ; Corses, 2 ; Siciliens, 3 ; Autrichiens, 54 ; Prussiens, 9.

En 1210 (1795) :
Espagnols, 217 ; Français, 74 ; Génois, 59 ; Portugais, 40 ; Américains (prise de Ben-Zerman en 1206), 12 ; Livournais, 12 ; Américains (prise de Hamidou), 16 ; Corses, 2 ; Maltais, 24 ; Romains, 1 ; gens de Doubra, 2 ; Piémontais, 40 ; Autrichiens, 54 ; Sardes, 8 ; Grecs, 11 ; Flamands, 40 ; Danois, 8 (capture du converti Hadj-Mohamed-Raïs) ; Prussiens, 10.

En 1214 (1799) :
Génois, 95 ; Autrichiens, 44 ; Français, 64 ; Espagnols, 193 ; Portugais, 95 ; Sardes, 4 ; Romains, 4 ; Grecs, 377 ; Corses, 25 ; Maltais, 77 ; Prussiens, 72.

En 1217 (1802) :
Autrichiens, 47 ; Napolitains, 365 ; Portugais (prise de Hamidou), 366 ; Génois, 89 ; Espagnols, 33 ; Siciliens, 8 ; Corses, 16 ; Grecs, 8 ; Romains, 5.

En 1226 (1811) :
Portugais, 360 ; Napolitains, 634 ; Autrichiens, 6 ; Sardes, 34 ; Romains, 53 ; Grecs, 116 ; Siciliens, 242 ; Espagnols, 49.

En 1227 et 1228 (1812 et 13) :
Romains, 52 ; Napolitains, 625 ; Français (capture de Hamidou en 1227), 52 ; Américains (capture de Naâman-Raïs et de Hadj-Soliman en 1227), 24 , Espagnols, 8 ; Grecs, 372 ; Autrichiens, 10 ; Sardes, 34 ; Siciliens, 285, gens de Doubra, 5 ; gens de Mellila, 159 ; Flamands, 19.

En 1229 et 1230 (1814 et 15) :
Napolitains, 693 ; Siciliens, 325 ; Grecs, 30 ; gens de Mellila, 159 ; Romains, 174 ; Sardes, 33 ; Américains, 10 ; Flamands, 26 ; Autrichiens, 26 ; gens de Mayorque, 6 ; gens de Taboulsa, 5.

En 1231 (1816) :
Napolitains, 434 ; gens de Mellila, 154 ; Sardes, 10 ; Flamands ;

26 ; Autrichiens, 21 ; gens de Trabelsa, 5 ; gens de Mayorque, 4 ; Siciliens , 234 ; Grecs , 19 ; Romains , 158.

Le 5 choual 1231 (1816), l'amiral anglais est entré dans le port d'Alger , avec trente bâtiments grands ou petits , et a enlevé , sans donner la moindre rançon , tous les esclaves mécréants, dont le nombre était de 1606.

§ 2.

Noms des capitaines de navire et des personnages importants faits prisonniers.

Juan-Joséfo la Douro, capitaine d'un brick portugais, capturé par Ahmed-Raïs Eddebagh, en 1173 (1760).
Juaquino Cardéro, médecin dudit navire.
Joseph Bichara, prêtre, embarqué sur ledit navire.

Gitano Francisco, capitaine d'un brick portugais, capturé par Mustapha-Raïs en 1174 (1761).

André Chaviro , capitaine d'un brick portugais , capturé par Ben-Zeurmann-Raïs , 1174.

Sistan . Louis, patron de barque portugaise, capturée par Sari-Hassaïn-Raïs. en 1174.

Manuel Bonaventura , prêtre portugais , capturé par Hadj-Mohamed-Raïs-Echebini , en 1180 (1766).

Joseph Albert , médecin portugais , capturé par le précédent en 1180.

Angelemo Corad , capitaine de navire danois , capturé par Ali-Raïs, en chaâban 1183 (1760).
Oswan Aïass , pilote danois, même capture 1183.
Francisco Dodarico, capitaine danois, capturé par Hassan-Raïs. et El-Islami.
John Bonnello-Arix, pilote danois dudit capitaine.

Pedro Miguel, capitaine danois, capturé par Ali-Raïs , en 1183.
Pedro Jacobo, pilote dudit.
Ils ont été rachetés en 1186.

Ampriss , pilote danois, pris avec les précédents et rachetés en même temps qu'eux.

Francisco Joseph , capitaine portugais , capturé par Raïs-Eddriouech, en redjeb 1183.

Antonio Garnier, capitaine espagnol, capturé par Raïs-Edriouech, en redjeb 1183.
Illo Fernandez, pilote dudit.

Bastiana Louis-Varira , capitaine portugais, capturé par Otsman, capitaine du briganti (chebek mâté-carré), 1183.

Francisco, capitaine espagnol, pris par Thobal , capitaine de la frégate d'Ali-Khodja du Khodjet-el-Melh , 3 safar 1183.

Nicolas Santo, capitaine portugais, capturé par Ali-Raïs, le 3 chaâban 1183.

Simon Pedro, médecin et barbier portugais du précédent.
Antonio Galdero, prêtre portugais du précédent.

Nicolas Dimoumia, sergent espagnol, pris à la guerre par le bey El-Gharb, le 27 choual 1184 (1770).

Antonio Tori, officier espagnol pris par le même.
Bergonio Elvir, officier espagnol en fuite, pris par le bey El-Gharb (de l'ouest) en 1184.
Andréa, Costa, sergent espagnol, pris par le bey de l'ouest le 22 hidja 1184.
Joséfo Morgino, officier supérieur de la cavalerie espagnole d'Oran, envoyé par le Bey de l'ouest en 1184.

Noms de quatre soldats espagnols envoyés par le Bey de l'ouest le 12 rabia 1185 (1771)

Thomas Louis; Lorenzo Pascual; Altouni Pataca et Carchtoul, Cantiss.

Joséfo-San-Tounto, capitaine livournais, capturé devant le port de Bône, le 10 choual 1186 (1772).

Prisonniers faits le 20 chadban 1188, sur un chebek de guerre espagnol, capturé par Hadj-Mehedi (1774).

Paolo Orti, sergent; Juan Porti, neveu du capitaine et soldat; Ramon, fils de l'intendant et soldat; Vincenti Calla, soldat; Juan Cararol, soldat; Ignacio Solia, soldat; Garstouin Mazana, soldat; Martine, Riara, capitaine du chebk; Juan Bourias, écrivain; Jaomo Ramon, matelot; Joséfo Ramon, id.; Pédro, Sampira, id.; Marianno Tore, id.; Manuel Malina; id; Domingo, Fecass, id.; Joséfo Artoziz, id.; Joséfo Dou, id., Gami Yabias (choisi par le Pacha pour ses appartements particuliers), Antonio Labro, id ; Joséfo Mariano, id.; Antonio Barjero, id.

Joséfo, Béjo, capitaine espagnol, capturé par Hassan-Raïs-el-Gritelli, le 1er rabia 1188.

Antonio Sass, capitaine espagnol, capturé à Mers-el-Kebir, par la frégate d'Abrahim, bey de l'ouest, le 1er chaâban 1188.

Juan Marlinetti, patron d'une felouque mayorquaise, capturée par Hadj-Mehedi-el-Islami et Ouzan-Mohamed, le 28 muharem 1189 (1775).

Antonio Bours, patron d'une felouque mayorquaise, prise par les mêmes. — Même date.

Kerchtou Semoura, patron d'une felouque mayorquaise, prise par les mêmes. — Même date.

John Ortis, capitaine d'un brick russe, capturé par Hadj-Mohamed-el-Islami, devant le port de Tunis, en safar 1189.

Francisco Liola, patron d'une barque sicilienne, capturée par Az-Mohamed, en safar 1189.

Gaspardo Ferdinando, patron d'un bateau corailleur napolitain, pris à Collo, le 19 choual 1190 (1776).

Ouit Doumanio, patron d'un bateau corailleur napolitain, pris à Collo, le 17 choual 1190.

Alberto Gaëtano, prêtre de la pêcherie de corail napolitaine, pris à Collo, le 7 choual 1190.

- Yateraz Brina, patron d'une barque catalane, capturée par le Raïs-Drâou, le 15 redjeb 1190.

Prisonniers faits sur une gabarre espagnole, capturée le 22 redjeb 1190, par Soliman, capitaine d'une barque et Indja-Mohamed, capitaine d'un chebek.
Fernando Parira, écrivain en chef; Joséfo Garo-Acbou, canonnier en chef; Juliano Moussas, canonnier; Diconer Nansas, id.; Antonio Gomez, id.; Silvestre Solia, id.; Antonio Bals, id.; Miguel, Silvalio, id.; Garstouan Guerra, id.; Antonio Piraïsa, id.; Antonio Ganvert, id.; Juan, Gabella, id.; Jemo Laton, id.; Paolo Lanvardi, id.; Pedro, Gansalorz, id.

Juan Pascual, capitaine d'une flûte catalane, chargée de vin, capturée par Salah-Raïs, 29 redjeb 1190.
Altéras Barirto, frère du précédent.

Domingo Podesta-Bonguerro, capitaine portugais, capturé par Az-Mohamed et El-Ghalioundji, le 23 rabia 1490.
Joseph Gaëtano, prêtre portugais, embarqué sur ledit navire.
Antonio Létan, prêtre portugais, également embarqué sur ledit navire.
- Joseph Tachira, prêtre portugais, d'après la déclaration de l'écrivain.
Manuel, Pota-Dantra, prêtre portugais, d'après la déclaration de l'écrivain.
Louis Joseph, médecin portugais.
Joseph Alida, médecin portugais.
Juan Cardéro, médecin partugais.
La qualité de ces prisonniers résulte des registres de l'écrivain de la capture.

Angliss Fernando, patron d'une barque espagnole, capturée par Raïs-Memmou, le 7 redjeb 119o.

Captures de Hadj-Mohamed-el-Eslami-Raïs.
État-major d'un navire de guerre napolitain, pris le 28 choual 1191, par ledit Raïs (1777).
Don Stéfano-Barbek, commandant; Francisco, Loska, pilote; Batista Mayonni, officier; Gaspari, Raïna, officier; Thomas Navara, canonnier; Pascual Gamizo, médecin (ce médecin a été acheté 1000 mahboub, (4000 fr. environ) par Salah-Bey, le 22 choal 1195; 44 soldats.

Joséfo Girardo, capitaine d'un bateau sicilien, capturé par Indja-Mohamed-Raïs; le 14 hidja 1191.

Louis Garcia, capitaine d'un bateau espagnol, capturé par Ben-Zerman, capitaine d'un chebek, le 21 rabia 1191.

Miguel Palasso, capitaine d'un bateau napolitain, capturé par par le Hadj-Mohamed-el-Islami, le 2 rabia 1191.

Juan Irex, patron d'une barque espagnole, capturée par Hadj-Mehedi, le 2 rabia 1191.

Miguel, Polasso, capitaine d'un bateau napolitain, capturé par Raïs-el-Cadoussi, le 17 rabia 1191.

Juan Forte, patron d'une barque espagnole, capturée par Soliman-Raïs, en choual 1192 (1778).

Pedro Salamon, capitaine d'un sandal de guerre, capturé par Hadj-Mohamed-el-Islami, le 2 choual 1192.

Antonio Tarassoni, capitaine d'une barque espagnole, capturée par Raïs-el-Cadoussi, le 8 choual 1192.

Louis Vassalion, écrivain portugais, pris sur un navire chargé de tabac, capturé par Soliman-Raïs, 8 choual 1192.

Paolo-Berro, capitaine d'un chebek catalan, capturé par Ali-Raïs, capitaine du chebek de Maâllem-Essefaïn, 17 choual 1192.

Francisco Moucha, écrivain du précédent.

Juan Vasqui, mahonnais, patron d'un chebek chargé de bois, capturé par El-Islami, 14 rabia 1192.

Pedro Mattoussi, neveu du précédent.

Allajandro Rodès, soldats des garnisons espagnoles, pris à la guerre par le Bey de l'ouest, 21 hidja 1192.

Juan Lial, soldat espagnol, envoyé par le Bey de l'ouest à la même date que le précédent.

Francisco, capitaine espagnol, capturé par Raïs-Caddour-Tlemsani, 8 rebia 1193 (1779).

Juan Yargi, mayorquais, capturé par Kara-Houssin et Sari-Mohamed, 7 safar 1194 (1780).

Stéfano Dacordo, capitaine napolitain, capturé par Sari-Mohamed et Houssin, 9 hidja 1194.

Francisco, capitaine mayorquais, capturé par Indja-Mohamed, 27 hidja 1194.

Lastriné, capitaine d'un brick napolitain, capturé par Memmou-Mohamed-Raïs, 17 choual 1194.

Joséfo, capitaine livournais, capturé par Hadj-Mehedi, Indja-Mohamed et Ahmed-Raïs, 12 redjeb 1194.

Juan Boutoïono, capitaine de barque espagnole, capturé par la frégate du Bey de l'ouest, 12 redjeb 1194.

Josefo Sampra, patron de sandal espagnol, capturé par El-Galioundji, Memmou et El-Islami, 30 choual 1194.

Nicolas Tarbouna, capitaine napolitain, capturé par les mêmes à la même date, son écrivain est Saverio, Tarbouna.

Juan-Batista, capitaine génois, embarqué à bord du navire qui vient d'être mentionné.

Carlo Giraud Marquetti, patron de balancelle de pêche sicilienne, capturée par Soliman et El Islami, 5 choual 1195 (1781).

Antonio, capitaine livournais, capturé par Kara-Hussein, 11 hidja 1195 ; son pilote est Stéfano Franceschi, et son lieutenant, Bisalla.

Juan-Batista, capitaine napolitain, capturé par Kara-Houssin, 1195.

Francisco Saverio, capitaine d'un grand navire, capturé par Kara Houssin, 1195.

Pedro Morchina, patron de barque espagnole, capturée par Kara-Houssin.

Fernando San-Miguel, capitaine génois, capturé par El-Islami et Memmou, le 29 hidja 1195. — Le Pacha l'a délivré sans exiger de rançon et en considération des Français, le 6 safar 1196. — Son pilote se nomme Fernando San-Miguel, son écrivain Angelo Castabour.

Gangelo Gounta, capitaine livournais, capturé par El-Islami et Memmou.

Christo Viral-Mars, espagnol, capturé par la frégate du Bey de l'ouest, 21 chaâbân 1195.

Manuel Curuendo, capitaine espagnol, capturé par ladite frégate, 21 chaâban 1195.

Josefo, capitaine catalan, capturé par le navire de Maâllem-Essefaïn, choual 1197. — Son subrécargue, est Juan Pascual.

Pedro Yabani, capitaine napolitain, capturé par Salah-Raïs et Sari Mohamed, hidja 1197.

Batista Kayassi, capitaine de tartane espagnole, capturée par la frégate d'Ostman-Raïs, 6 choual 1197 (1783).

Batista Kayassi, fils du capitaine ci-dessus mentionné.

Francisco Kouri, capitaine d'un brick espagnol, capturé par Salah-Raïs-Gharnaouth, 15 redjeb 1197.— Son écrivain est Pascual Cabanilla.

Lorenzo, capitaine portugais, capturé par Salah-Raïs, 15 redjeb 1197.

Josefo Lorenzo, fils dudit capitaine.

Manuel Lorenzo, fils dudit capitaine.

Francisco, patron de barque espagnole, capturée par Salah-Raïs, 27 redjeb 1197.

Josefo Logho, capitaine portugais, capturé par Raïs-Ghalioundji, 17 redjeb 1197,

Francisco-Josefo, fils dudit capitaine.

Milo Gaboni, patron de barque, capturée par Braham-Raïs, 2 safar 1199 (1785).

Josefo Gaboni, fils dudit capitaine. — Plus trois soldats : Allaman Josefo-Librer, Falmastra Antonio et Henri Souikan.

Accorsalos Pedro, patron de barque espagnole, capturée par la frégate du Bey de l'Ouest, 28 chaâban 1199.

Antonio Accorsalos, frère dudit capitaine.

Josefo Montardi, capitaine livournais, capturé par Otsman-Raïs-Drâou et Salah-Raïs-Eddjidjelli, 12 rabia 1200 — Son pilote se nomme Juan Lacrouz, son écrivain Angelo dit André, son officier (yakandji) Domingo Bayoutri, son médecin Donastia Giaccomo-Missavali.

Josefo Martin, capitaine de balancelle portugaise, capturée par

Hadj-Mohamed-el-Islami, 17 redjeb 1200.—L'armateur de ce navire s'appelle Matheo Abani.

Josefo, capitaine sarde, capturé par Hassan-Raïs el-Gritteli, 24 rabia 1200 — Il a à bord sa femme e deux enfants, un prêtre appelé Domingo Antoni Saquina, et sept passagers.

Capitaine de barque génoise, capturée prr Ali-Raïs et Raïs-el-Karnaket-h, 15 redjeb 1201 (1787)

Antonio, patron de barque espagnole, capturée par Ben-Zerman, 1er châaban 1201.

Cavagi, capitaine génois, et son fils capturés par Ali-Raïs et Rais-el-Arbi, 1er chaâban 1201.-L'enfant a été pris par le Kheznadji.

Nicolas Contardon, patron d'une barque battaot pavillon napolitain, capturée par Ali-Raïs, Raïs-el-Arbi et Braham-Raïs, 1er chaâban 1201.

Gerolami Bernardo, capitaine napolitain, capturé par Ali-Raïs et et Raïs-El-Arbi.

Joseph-Pascal, capitaine génois, passeport espagnol, navire napolitain, capturés par Salah-Raïs, chaâban 1203. — Il a à bord un officier (yakandji) nommé Loustarmi-Carlo.

Juan-Joseph Almas, capitaine d'un navire chargé de vin, capturé par Salah-Raïs, 3 chaâban 1203. — Son pilote s'appelle Pedro-Juan Bals, son pilote Louis-Toussaint Bron, son officier (yakandji) Juan Renaudek.

Sittimio Stefano, pilote d'un navire chargé de pouzzolane, capturé par Salah-Raïs, 28 chaâban 1203 (1789). — Il a à bord un prêtre appelé Faradella Rosa-Alicolla.

Josefo Francisco, capitaine et Garboka, pilote français, embarqués sur un navire chargé de bois, capturé par Hadj-Yakoub, redjeb 1203.

Bardon Cardo Seguiendo, capitaine napolitain, capturé par Hadj-Yacoub, redjeb 1203.

Miguel-Antonio Cardo, fils dudit capitaine, capturé par Ben-Zerman.

Francisco Ania, fils d'un négociant espagnol d'Oran, pris par le Khelifat du Bey, 12 safar 1204 (1790).

Francisco Borgelli, pilote mahonnais, échappé de son pays, pris par le Khelifa.

Simano Orfano, capitaine grec; Anatoti Orfano, son fils, Domingo Molina, pilote livournais; Antonio Anatoti, officier grec et cinq passagers, capturés par Ben-Zerman et Fiz-Allah.

Josefo Mamassa, capitaine espagnol, chargé de tabac, capturé par Ben-Zerman, redjeb 1205 — L'armateur de ce navire est un négociant français nommé Mattiona-Sombar.

Antonio Sobra, capitaine grec, moharem 1206. — Son armateur s'appelle Sakarli, son pilote Thomasso-Eranoussi.

Konoller Van, capitaine hollandais, capturé par le Hadj-Yakoub, 7 rebia 1207. — Juan Taj s pilote; Gafio Satrid, lieutenant.

Andréa-Angelo, capitaine hollandais, capturé par Hadj-Mohamed-Raïs, redjeb 1207.— John Varis-Bonioz, pilote; Formarmolar, lieutenant.

Andréa Kalasson, capitaine danois; Pedro Cartillo-Ganiro, pilote; Lorenzo Bario-Assoug, lieutenant.

Alberto Farx, capitaine hollandais; Dodior, pilote; Hartex, lieutenant.

Sauverando Hoxa, capitaine, capturé par Karnaketch. — Hilka

Sauverando, fils dudit capitaine; Hanni-Lucas, pilote; Harmeni Juan-Sara, prêtre.

Josefo Aukarha. capitaine américain, capturé par Ahmed-Raïs, en choual 1208. — Edouardo-Soumiaukara, pilote. — Capitaine Antonio-Gazeno, français, capturé par Mohamed-Ouali-Raïs, 15 choual 1211.—Francisco Gazeno, son frère. —Pedro-Thomasco, écrivain. — Paolo Bigello, lieutenant. — Juan Angello-Martaconi, maître calfat.

Antonio-Gazéno, capitaine en second, français, 21 choual 1211 (1796).

Christofle Wiskiwij, commandant d'un brick de guerre de 32 canons, capturé par Ali-Raïs, 30 choual 1211.

Pedro Tourtourwij, commandant dudit (capture d'Ali-Raïs, 30 choual 1211.

Dimetri Terkouli, officier dudit.

Georgy Dzankari, chirurgien en chef dudit.

Paolo Biancho, officier (yakandji) dudit.

Louis Lonkisa, officier (ourdian) dudit.

Lorenzo Lazerino, maître calfat dudit.

Nicolata Ladkou, passager.

Antonio Fenisk, capitaine napolitain, pris par Had-Yakoub, le 14 rabia 1211.

Francisco Fenisk, écrivain dudit.

Juan Fenisk. napolitain, fils dudit capitaine.

Francisco Dazada, officier dudit.

Nicolas Mirkoubij, passager menuisier dudit.

Paolo Dalianouilo, négociant passager.

Anastadio Timandocolo, négociant passager.

Dimetri Astatoupato, négociant napolitain.

Tiridioun Gasparo, beau-frère du précédent.

Andréa Folio, prêtre passager.

21 choual 1211.

Liste des capitaines pris antérieurement.

Antonio Asbouzto, capitaine napolitain.

Carlo Marlo, capitaine napolitain.

Francisco Mankerzi, capitaine napolitain.

Francisco-Sourio-Pialma, capitaine napolitain.

Gennaro-Romano, capitaine napolitain.

Antonio Romano, fils de capitaine.

Miguel Romano, fils de capitaine,

Gaëtano Gekeriz, frère de capitaine.

Miguel Batourso, écrivain.

Nicolas Panatelo, fils de capitaine napolitain.

Pedro Kouartelo, capitaine napolitain, pavillon français.

Miguel-Antonio, fils dudit.

Captures de Raïs-Eddjebbi, rabia 14 1211.

Sériano Kanoussi, capitaine napolitain.

Antonio Kanoussi, frère dudit.

Alexandro Kersouni, canonnier en chef.

Stéfano Thomasier, frère du précédent.

Angelo Aspadour, canonnier.

Nicolas Spo, canonnier.

Joseph Gonito , canonnier.
Bartholomi Feramato , canonnier.
Pedro Aspardioni , menuisier.
Plus, quatorze soldats napolitains.

Liste des capitaines portugais capturés par El-Islami.

Écrit en djoumadi 1211.
Antonio Fernando-Krouz, capitaine.
Manuel Farira, capitaine.
Manuel Farira , pilote.
Josefo-Lorenzo Dodirx, fils de capitaine.
Francisco Majato, fils de capitaine.
Joseph Denmalo, fils de capitaine.
Pedro-Antonio Marliano, pilote portugais, naviguant sous pavillon génois.

Antonio Lini, capitaine génois, 21 choual 1211.
Francisco Kemartino, génois , ayant un passeport espagnol, 21 choual 1211
Bartolomi Granslou, écrivain génois, passeport espagnol, 21 choual 1211.
Juan-Batista Batino, génois.
Pedro Siproubila Kania, capitaine génois.
Miguel Doudiro, fils de capitaine génois.
Gamerito Nazino , officier génois.
Nicolas Akaki, capitaine génois, capturé par Youssef-Raïs, le 14 rabia 1211.

Capitaines espagnols , 21 choual 1211.

Josefo Massa, capitaine espagnol.
Francisco Elamania, fils d'un négociant espagnol d'Oran.
Francisco Gamassouni, capitaine maltais.
Josefo Regisso, officier maltais.
Josefo Gazano, capitaine maltais,
Miguel Grouana, capitaine maltais.
Maria-Teresa, femme sarde.

Captures de Rais-Hamidou, 28 rabia 1211.

Mathieu Opaloga, capitaine prussien.
Lorenzo Molina , écrivain prussien.
Witourio Riouato, subrécargue prussien,

Francisco Acosta, capitaine espagnol 1212 (1797).
Josefo Naquerira , capitaine espagnol.
Josefo Fernando, subrécargue dudit.
Francisco Gallouri , subrécargue espagnol.
Joséfo-Marina , subrécargue espagnol.
Francisco Rodas , capitaine espagnol.
Louis-Poratto , pilote génois.
Henrico Varira-Daslo , subrécargue génois.
Pascual Martini , capitaine espagnol.
Batista Andréa, espagnol , fils de capitaine. — 17 rabia 1212,
Ramon Bero , patron de canot, espagnol.
Ramon Liodira , capitaine espagnol.

Joseph Ralmani , capitaine espagnol.
Manuelo Röderguo , capitaine espagnol — 21 chaâban 1212
Maria Roderguo , femme dudit capitaine.
Joseph Dalopé-Caralli
Angelo Lastireo, capitaine anglais. — 21 chaâban 1212.
Ardréa Corissia , capitaine espagnol.
Agniasos Louis , capitaine espagnol.
Antonio Louis , fils dudit capitaine.
Juan Cardona , écrivain espagnol.

Captures du navire appelé Karnaketch.

11 Hidja. — Juan Angliss, capitaine grec.
Constantino Angliss , fils dudit.
Georjo Angliss . fils dudit.
Bartholoméo-Ricard , pilote espagnol.
Lorenzo Darindo , menuisier autrichien.
1er Choual — Raphaël Mont. capitaine catalan.
Raphaël Lestarko , capitaine de Gibraltar.
Jarlomi Géno , écrivain grec.
30 Choual. — Joseph Lascarpa , capitaine autrichien.
Jassanto Adouard , officier autrichien.
Vardouia , pilote autrichien.
Loka Maranka , écrivain autrichien.

Captures de Krabouli et de Hadj-Ali-Gharnaouth.

20 Hidja. — Ansialou Lorenzo , capitaine d'un sandal napolitain.
Antonio Lorenzo , fils dudit.
16 Redjeb. — Ladourouado Limeri , capitaine grec.

17 Rabia. — *Captures du navire appelé Karnaketch et de Hassan-Raïs-Roudesseli. — 1213 (1798).*

5 Moharem. — Miguel Boukassouj, capitaine grec.
Maston , écrivain grec.
Rouni Amatio , pilote napolitain , sous pavillon grec.
Juan Francisco-Costa. capitaine génois, sans pavillon.—26 Safar.
Louis Parano , pilote génois, sans pavillon.
Gérolami , écrivain dudit.
Angelo Cazani , génois. — 14 Hidja.
Banatira Cazano , génois. — 14 Hidja.
Francisca Kazani , femme maltaise. — 14 Hidja.
Francisca Romania , femme maltaise. — 14 Hidja.
Akouriali Michaëla , femme maltaise. — 14 Hidja.
1214 (1799).
Francisco Tournato , capitaine napolitain. — 3 Choual.
Léonardi Vorjila , capitaine napolitain — 3 Choual.
Verto Simon , capitaine napolitain — 3 Choual.
Salomon Touranja , capitaine napolitain. — 3 Choual.
Francisco Gavello , capitaine napolitain. — 3 Choual.
Miguel Catalan , capitaine napolitain. — 3 Choual.
Pedro Marianno , capitaine napolitain. — 3 Choual.

Joseph Touria , frère dudit capitaine. — 3 Choual.
Pedro Versello , frère du capitaine. — 3 Choual.
Antonio Gavello , frère du capitaine. — 3 Choual.
Loka Vargina , capitaine prussien. — 23 Rabia.
Joséfa Spanillo , capitaine autrichien. — 23 Rabia.
Juan Makari , écrivain autrichien. — 22 Rabia.
Bartholoméo-Sekino , écrivain autrichien. —23 Rabia.
Angélo Bassijou , pilote autrichien. — 23 Rabia.
Nicolo Mandiji , officier (yakandji) autrichien. — 23 Rabia.
Andréa Randiji , officier (yakandji) grec. — 23 Choual.
Miguel Lastraouali , négociant livournais. — 23 Rabia.
Salvador Moujaki ; pilote napolitain — 23 Rabia.
Gaëtano Bazira , négociant napolitain. — 23 Rabia.
Rosario Abatti , négociant napolitain. — 23 Rabia.
Mathieu Vijolla , négociant napolitain. — 23 Rabia.
Juaquino Viano , négociant napolitain. — 23 Rabia.
Nicolas Gerno , capitaine autrichien. — 7 Redjeb.
Christofori Tamanouitch , officier autrichien. — 7 Redjeb.
Joseph Sors , écrivain grec. — 7 Redjeb.
Miguel Dimarkouli , capitaine napolitain. — 7 Redjeb.
Francisco Caffagi , écrivain napolitain. — 7 Redjeb.
Francisco Dimattelo , officier (yakandji) napolitain. — 7 Redjeb.
Laspori Anatti , capitaine autrichien. — 12 Chaâban.
Georgi Anatti , fils dudit.
Philippo Andarli , écrivain livournais naviguant sous pavillon autrichien.
Francisco Boumatta , officier maltais , naviguant sous pavillon autrichien.

9 Hidja 1214. — Salvador Sadani , capitane maltais.
Anassio Varira-Vando, capitaine portugais.
Louis Vernando , capitaine en second portugais.
Joséfo Doulfeni , écrivain portugais.
Francisco Vignard , médecin portugais.
Antonio Lérira , prêtre portugais.
Antonio Garavalli , prêtre portugais.
Manuel Mathieu , capitaine portugais.
Nicolas Vernandi , capitaine portugais.
Manuel Garavailla (pilote potugais.
Juaqui Louis di Soussa, parent de capitaine. — 1215 (1800).

30 Redjeb 1215. — Fortunato Palouri , capitaine napolitain.
Fornato Vristal , écrivain napolitain.
Ditto Janoui , capitaine napolitain.
Dicko Janoui , fils dudit capitaine.
Alberto Morra , prêtre maltais.
Dinjanso Willia , capitaine napolitain.
Antonio Garasso , capitaine napolitain.
Laspiro Koursajou, capitaine grec.
Juan Sapihh-Janji , capitaine grec. — 27 Hidja.
Josefo Naïo, second dudit capitaine. — 27 Hidja.
Francisco Fardenallo , second. — 27 Hidja.
Pedro Palliouni , français , écrivain. — 27 Hidja.
Miguel Paolo , officier autrichien. — 27 Hidja.

Giaccomo Marokina, canonnier en chef, grec. — 27 Hidja.
Miguel Pouria, capitaine maltais — 27 Hidja.
Stéfano Jakoulilio, capitaine maltais. — 27 Hidja 1217 (1802).

Captures de Hamidou en redjeb 1217.

Antonio Gaffiro, capitaine napolitain.
Salvador Caffagi, écrivain napolitain.
Joséfo Mastojanti, capitaine napolitain.
Juaquino-Joseph-Parari-Dilmado, capitaine en second portugais (d'un bâtiment de guerre).
Domingo Louis-Théodore Raïs-el-Assa (lieutenant en premier).
Manuel Dimatos, lieutenant portugais.
Bernardo Pargis-Duali, prêtre portugais.
Boutariano Joséfo-Vento, prêtre portugais.
Juaquino-Antonio Dakioto, médecin espagnol.
Juan-Batista Virara, canonnier en chef, portugais.
Manuel-Louis Virara, pilote portugais.
Juaquino-Josefo Virara, pilote portugais.
Josefo-Juan, officier portugais (yakanji).
Joséfo-Dos Sartoa-Aspiteho, chirurgien en chef.
Joséfo Mano, ourdian en chef (officier).
Antonio Lastio, ourdian en second (officier).

En 1218 (1803).
Juan Assassou, capitaine napolitain. — 4 Choual.
Pascual Aloumi, capitaine romain. — 4 Choual.
Juan Canapa, pilote génois. — 4 Choual.
Pedro Olloundi, capitaine napolitain. — 4 Choual.
Nicolas Massa, écrivain napolitain. — 4 Choual.
Juan Zara, capitaine maltais. — 4 Choual.
Pascalo Gaffiro, négociant napolitain. — 4 Choual.
Antonio Gabriel, capitaine maltais. — 4 Choual.
Pascalo Tariato, négociant napolitain. — 4 Choual.
Germani Katansa, écrivain napolitain. — 4 Choual.
Kassero Loungabordo, capitaine napolitain. — 4 Choual.
Juan-Batista, fils dudit capitaine. — 4 Choual.
Joseph Loungabordo, frère dudit. — 4 Choual.
Marianno Loungabordo, beau-frère dudit. — 4 Choual.
Joséfo Borello, capitaine maltais. — 4 Choual.
Sirio Palantha, capitaine maltais. — 4 Choual.
Juan-Batista-Onano, capitaine napolitain. — 4 Choual.
Miguel Loumbardo, capitaine napolitain. — 4 Choual.
Mignel Lanoualla, capitaine napolitain. — Choual.
Louis Chanabalro, capitaine romain. — 4 Choual.
Georgio Kaouïdji, négociant grec. — 4 Choual.
Théodore Silouar, capitaine grec. 27 Choual 1218.

Ramdan 1232 (1817).
Le Raïs-Ahmed-ben Omar, capitaine d'un brick neuf, a capturé un navire hambourgeois dont l'équipage infidèle est détaillé ci après :

Orenza, capitaine.
Orazi, pilote.
Jahan Ponza.
Jacot Jot.
Hans Martiz.
Rahnit Hans.
Georgy Havansa.
Vitra Palanco.
Joumacan.

Le 23 Choual 1239 (1824), le Raïs-Hassan, capitaine de la goëlet-te, a capturé des mécréants espagnols au nombre de 13.

Ont participé au partage de cette prise, d'après les conventions arrêtées avant le départ : Mustapha-Raïs, Patehali. capitaine de la frégate neuve, Omar-Raïs, capitaine de la frégate tunisienne, Raïs-Caddour-Bazoun, capitaine de la polacre, et Raïs-Braham-Oulid-Teurdjeman, capitaine d'un brick.

FIN

www.ingramcontent.com/pod-product-compliance
Lightning Source LLC
Chambersburg PA
CBHW071232290326
41931CB00037B/2793